CINQ PARCOURS DE RECHERCHE EN SCIENCES RELIGIEUSES

BIBLIOTHÈQUE DE L'ÉCOLE DES HAUTES ÉTUDES
SCIENCES RELIGIEUSES

VOLUME 183

Illustration de couverture : L'arbre du buddha Kanakamuni, Bhārhūt, Madhya Pradesh, c. 100 av. J.-C., Calcutta, Indian Museum. © Deborah Klimburg-Salter *et al.*, *Buddha in Indien. Die frühindische Skulptur von König Aśoka bis zur Guptazeit*, Musée d'Histoire de l'art de Vienne, Milan, Skira, 1995, p. 85, n° 34.

CINQ PARCOURS DE RECHERCHE EN SCIENCES RELIGIEUSES

Études réunies par Jean-Daniel Dubois

BREPOLS

La *Bibliothèque de l'École des Hautes Études, Sciences religieuses*

La collection *Bibliothèque de l'École des Hautes Études, Sciences religieuses*, fondée en 1889 et riche de plus de cent quatre-vingts volumes, reflète la diversité des enseignements et des recherches menés au sein de la Section des sciences religieuses de l'École Pratique des Hautes Études (Paris, Sorbonne). Dans l'esprit de la section qui met en œuvre une étude scientifique, laïque et pluraliste des faits religieux, on retrouve dans cette collection tant la diversité des religions et aires culturelles étudiées que la pluralité des disciplines pratiquées : philologie, archéologie, histoire, philosophie, anthropologie, sociologie, droit. Avec le haut niveau de spécialisation et d'érudition qui caractérise les études menées à l'EPHE, la collection *Bibliothèque de l'École des Hautes Études, Sciences religieuses* aborde aussi bien les religions anciennes disparues que les religions contemporaines, s'intéresse aussi bien à l'originalité historique, philosophique et théologique des trois grands monothéismes – judaïsme, christianisme, islam – qu'à la diversité religieuse en Inde, au Tibet, en Chine, au Japon, en Afrique et en Amérique, dans la Mésopotamie et l'Égypte anciennes, dans la Grèce et la Rome antiques. Cette collection n'oublie pas non plus l'étude des marges religieuses et des formes de dissidences, l'analyse des modalités mêmes de sortie de la religion. Les ouvrages sont signés par les meilleurs spécialistes français et étrangers dans le domaine des sciences religieuses (chercheurs enseignants à l'EPHE, anciens élèves de l'École, chercheurs invités…).

D/2019/0095/63
ISBN 978-2-503-58445-4
e-ISBN 978-2-503-58446-1
10.1484/M.BEHE-EB.5.117164

Printed in the EU on acid-free paper.

AVANT-PROPOS

Jean-Daniel Dubois
EPHE – PSL – CNRS LEM

À la fin de l'année académique 2014-2015 cinq collègues de la Section des Sciences religieuses de l'EPHE (PSL Research University, Paris) partaient en retraite. Ils ont souhaité manifester publiquement leur reconnaissance envers l'institution universitaire où ils ont enseigné et dirigé des recherches. Un après-midi du mois de mai, devant un large public de collègues, d'amis et d'étudiants, ils ont l'un après l'autre évoqué leurs préoccupations scientifiques. Empruntant un beau titre à Paul Ricœur, ils ont intitulé l'après-midi « Parcours de reconnaissance » et ont confié la présidence de séance à un collègue sinologue, Vincent Goossaert, Directeur de l'École doctorale de l'EPHE pour la période 2014-2018. Nous tenons collectivement à le remercier pour la tâche qu'il a acceptée. À l'occasion des manifestations qui entourent le cent cinquantième anniversaire de la création de l'EPHE, nous avons jugé opportun de participer à la réflexion commune sur l'histoire de notre établissement en publiant ces interventions.

Au fil de ces pages on remarquera des allusions à l'un des maîtres de la Section des Sciences religieuses, au début du XXe siècle, Marcel Mauss. Le 27 janvier 1902, il prononçait sa leçon inaugurale à l'EPHE, dans une direction d'études intitulée alors « Histoire des religions des peuples non-civilisés »[1]. On mesure aujourd'hui la distance qui nous sépare d'un tel titre. Or, Marcel Mauss commençait son enseignement en niant l'existence de « peuples non-civilisés ». Pour lui, il n'existait « que des peuples de civilisations différentes »[2]. Il proposait trois questions pour indiquer ses futurs champs de recherche : « Quel sera le sujet de nos cours ? Comment observerons-nous les faits que nous recueillerons ? Comment les expliquerons-nous ? ». À ces trois questions il donnait des réponses simples qui définissaient sa méthode

1. « L'enseignement de l'histoire des religions des peuples non-civilisés à l'École des Hautes Études », *Revue de l'histoire des religions* 45 (1902), p. 36-55.
2. « L'enseignement de l'histoire des religions… », p. 43.

10.1484/M.BEHE-EB.5.117282

d'approche, au lieu d'exposer tous ses projets, au risque de ne pas tenir ses promesses. Ces quelques pages pleines de bon sens m'ont été utiles lors d'une journée doctorale de rentrée universitaire, au temps où je dirigeais le DEA en Sciences des religions. Il m'avait semblé que les propos de Marcel Mauss pouvaient rencontrer l'accord de nombreux collègues de la Section des Sciences religieuses, mais surtout qu'ils suggéraient à de nouveaux étudiants de les transférer à d'autres champs disciplinaires.

Plus d'un siècle après la leçon inaugurale de Marcel Mauss, l'étude des religions de peuples et de civilisations, disparues ou encore vivantes, reste problématique. Il revient donc à chacun de se forger une conscience des questions à traiter aujourd'hui. Ici, l'échantillon des cinq interventions est fortuit. Ils ne représentent pas la totalité de la soixantaine d'enseignements en sciences des religions à l'EPHE. Les cinq contributeurs ouvrent la porte de leur arrière-boutique pour que chacun y pénètre en fonction de ses intérêts ou de ses questionnements.

Il m'est agréable de remercier chaleureusement Gilbert Dahan qui a accepté ce projet éditorial dans la collection « Bibliothèque de l'École des Hautes Études, Sciences religieuses » qu'il dirige. Notre reconnaissance collective s'adresse aussi à Cécile Guivarch pour le soin avec lequel elle a confectionné ce volume. Celui-ci intéressera sans doute les étudiants et auditeurs qui ont suivi les séminaires de recherche à l'EPHE, mais il pourrait aussi donner envie à d'autres de se lancer dans l'aventure d'une recherche exigeante, nécessaire dans les sociétés d'aujourd'hui.

PRÉFACE

Vincent Goossaert
Directeur de l'École doctorale EPHE

C'est un insigne honneur pour un plus jeune collègue, qui donnera encore – si les dieux ne s'y opposent pas – des conférences pendant une vingtaine d'années dans notre très chère École que d'écrire quelques lignes précédant les cinq articles de directrices et directeurs d'études devenus émérites en 2015. Elles et ils, pour la plupart, enseignaient déjà quand j'y faisais mes armes et encore quand, plus tard, j'ai eu la joie de les retrouver en devenant leur collègue. Cet honneur me vient sans aucun doute de la fonction de directeur de l'École doctorale de l'EPHE (2014-2018), et c'est donc du point de vue de la formation des doctorants que je voudrais introduire ces beaux textes.

Mais, avant cela, il faut dire une chose que, dans leur réserve, Christiane Zivie-Coche, Cristina Scherrer-Schaub, Odile Journet-Diallo, Jean-Daniel Dubois et Jean-Paul Willaime n'ont pas ou peu dit : le métier d'enseignant-chercheur est en réalité un ensemble de métiers, que l'on apprend sur le tas, souvent sur le tard, et qu'il faut combiner : le moment hebdomadaire de la conférence est souvent pour la ou le directeur d'études le plus agréable, le plus attendu, mais sa semaine a bien d'autres facettes, dont les responsabilités administratives et éditoriales. Pour ne mentionner, pour chacun.e d'entre eux, que l'une de ces nombreuses responsabilités, Jean-Paul Willaime a dirigé le Groupe Sociétés Religions Laïcités (j'ai eu le plaisir d'être son adjoint) ; Christiane Zivie-Coche a dirigé le centre Wladimir Golenischeff et ses précieuses collections ; Cristina Scherrer-Schaub a été la rédactrice du *Journal asiatique*, l'un des plus importants journaux savants français depuis 1822 ; Jean-Daniel Dubois a dirigé l'École doctorale en sciences religieuses avant que les écoles doctorales de l'EPHE ne soient fusionnées ; Odile Journet-Diallo a très longtemps servi dans des instances telles que le Comité National du CNRS et la Commission scientifique de la section des sciences religieuses. Sans les équipes, sans les revues, sans les instances d'évaluation, il n'y a pas de lieu pour que les jeunes chercheurs travaillent, publient et soient évalués : il faut des chercheurs dévoués et compétents pour que ces institutions fonctionnent au mieux de l'intérêt collectif. La reconnaissance dont fait preuve

10.1484/M.BEHE-EB.5.117283

le présent volume doit aussi, outre l'enseignement et l'œuvre scientifique majeure de nos cinq collègues émérites, s'étendre à tous ces autres aspects du métier d'enseignant-chercheur. Elles et ils rejoignent en cela grand nombre de nos collègues et prédécesseurs, comme en témoigne le dictionnaire prosopographique de l'EPHE réalisé en cette année où nous fêtons nos cent cinquante ans (https://prosopo.ephe.fr/).

Dans la religion chinoise prémoderne (à laquelle je consacre mes enseignements), les dieux révèlent les moyens, fort rationnels, par lesquels ils évaluent l'action des hommes, et ces derniers peuvent donc réaliser, pour reprendre un terme du jargon utilisé par nos tutelles, leur autoévaluation : ce sont les « barèmes de mérites et démérites » (*gongguoge*). Chaque bonne ou mauvaise action vaut des points, positifs ou négatifs. Beaucoup de lettrés se livraient chaque jour à leur examen de soi et calculaient les points acquis ou perdus, en vue de leur prochaine divinisation. La pratique des barèmes de promotion qui président à certains moments de nos carrières scientifiques paraît une pâle copie de cet exercice jadis si courant en Chine. Elle nous rappelle que les services rendus aux étudiants et aux institutions de la science, au sens le plus large, sont réellement méritoires et nécessaires pour avancer dans le panthéon des savants.

Ayant salué les mérites de nos cinq collègues émérites, disons maintenant un mot de leur enseignement. Dans leurs textes, elles et ils évoquent, en esquissant un bilan de leurs années passées à l'EPHE, l'expérience de leur conférence hebdomadaire (dite aussi oralement le « séminaire ») : c'est là la forme essentielle de formation que nous donnons aux étudiants. Il était une époque, pas si lointaine, où le doctorant était laissé seul.e face à ses vastes projets. Les choses se sont beaucoup améliorées : insertion dans les équipes, suivi par l'École doctorale, soutiens financiers et logistiques, ateliers et activités collectives, offre de formations transversales… Cependant, quand une certaine forme de standardisation des pratiques voudrait que nos doctorants aient tou.te.s à valider des modules de formation communs, nous insistons à l'École sur le fait que chaque parcours est spécifique. S'il est important de pouvoir acquérir des compétences par ailleurs (langues, préparation aux carrières scientifiques, humanités numériques…), la première exigence que nous avons envers nos quelque six cents doctorant.e.s est qu'ils suivent la conférence de leur directeur de thèse, et autant que possible, d'autres aussi — quand bien même, voire surtout si, le sujet traité n'est pas celui de leur thèse. Car la conférence est le meilleur endroit possible pour comprendre ce qu'est la recherche : non un produit fini, magistral, mais une pratique intellectuelle. Comme le dit Christiane Zivie-Coche, on apprend bien plus à passer deux heures à analyser deux phrases d'une source qu'à écouter la synthèse parfaitement ajustée d'un travail fini. Les souvenirs sont inoubliables que l'on garde de ces heures passées à faire émerger la compréhension, à bricoler — car si les hommes bricolent avec leur ou leurs dieux, nous bricolons aussi avec les textes, les images et les paroles des hommes. Je garderai toujours avec moi le souvenir des conférences de mes professeurs à l'EPHE quand j'étais étudiant, et je suis certain que les étudiants et auditeurs de Christiane Zivie-Coche, Cristina Scherrer-Schaub, Odile Journet-Diallo, Jean-Daniel Dubois et Jean-Paul Willaime, en lisant les pages qui suivent, seront tous aussi reconnaissants de cette expérience partagée du savoir en train de se faire.

UN PYTHON INSAISISSABLE

De quelques méandres de l'enquête ethnographique en pays jóola

Odile JOURNET-DIALLO
EPHE – PSL,
« Religions de l'Afrique noire (Ethnologie) »

Les quelques propos qui suivent m'ont été inspirés par le beau titre qui fut donné à cette rencontre par Jean-Daniel Dubois et par les idées lancées lors de sa préparation. Lors de nos discussions préalables avait été évoquée l'idée, entre autres, de ce que pouvait représenter pour chacun d'entre nous le « terrain ». C'est dans cette perspective qu'il m'avait semblé pouvoir apporter une modeste contribution à la question de l'incidence du terrain et de la spécificité des sources de l'ethnologue, lorsqu'il travaille dans des sociétés de tradition orale, dans son cheminement d'enquête et dans l'élaboration de ses réflexions. Et pour en illustrer les tâtonnements et les chausse-trappes, je me cantonnerai, au risque de m'enliser, dans une ethnographie particulière, celle d'un groupe jóola, à la frontière du Sénégal et de la Guinée-Bissau où je poursuis mes recherches depuis de longues années. Car l'on sait qu'aussi précieux que soient ces guides que sont les manuels d'ethnographie pour aiguiser le regard du chercheur, une fois sur le terrain, l'ethnographe n'aura plus de guide que le bon vouloir de ses hôtes.

Appelés *felupos*, *Jóola Fúlup* ou *Floups* par les observateurs extérieurs, les habitants de cette région, de part et d'autre de la frontière entre Sénégal et Guinée-Bissau se dénomment eux-mêmes, selon un topique familier aux anthropologues, *Kujamaat,* « ceux qui comprennent (la langue) ». Les Jóola font partie de ces populations de riziculteurs de mangrove, très anciennement installées le long du littoral atlantique, de la Gambie à la Sierra Leone, qui partagent, outre leur ingéniosité en matière d'aménagement des mangroves qu'elles transforment en rizières, un type d'organisation sociale villageoise relativement égalitaire, sans chefferie et sans autorité centralisée.

Depuis le XVe siècle jusqu'au XIXe, les relations des voyageurs portugais et français s'accordent toutes sur trois points : les *felupos* ne veulent avoir de commerce avec personne, ce sont de grands cultivateurs de riz, experts

10.1484/M.BEHE-EB.5.117284

à dessaler et cultiver les terres de mangrove, leur pays est riche. À partir de 1850, leur résistance à l'implantation coloniale portugaise et française leur vaudra, de part et d'autre de la frontière, une réputation d'incorrigibles réfractaires, toujours en guerre, cruels, anarchiques, bref, de vrais sauvages. Appelé auprès du gouverneur du Sénégal en 1943, Hubert Deschamps résumait, en termes moins péjoratifs que d'autres de ses contemporains, les grands traits de leur organisation sociale : « Les Feloup, nus, anarchistes, égalitaires, avaient toujours refusé toute dépendance, tout esclavage, toute hiérarchie, d'où, entre villages, au temps jadis, une bonne marge d'insécurité et de vendettas qui donnaient du prix à la vie, et qu'on réglait à coups de cérémonies et de compensations honorables »[1]. Bien que cette région, pas plus que ses voisines, n'ait échappé aux tribulations de l'histoire contemporaine et à l'entreprise missionnaire, les *Kujamaat* sont jusqu'à nos jours profondément attachés à des cultes et des institutions qui n'existent plus qu'en pointillé dans les régions plus septentrionales. Aujourd'hui encore, les conversions aux religions du Livre (souvent réversibles dans la région où je travaille), si elles éloignent les fidèles de l'activité *princeps* liée aux anciens cultes à savoir le sacrifice, n'ont pas eu raison de ce fonds de croyances communes. Restée encore relativement imperméable à l'emprise de l'administration étatique, la vie sociale est marquée par l'instabilité des unités territoriales et de leurs relations, l'hostilité toujours prête à éclater entre villages voisins, entre cohabitants et entre parents souvent déchirés par des différends, jalousies et suspicions qui courent de génération en génération tant il est vrai que l'égalité formelle en semble le meilleur terreau. Dans ce contexte, les parcours de l'enquête sont à l'image de la mangrove, toujours mouvante, de ces paysages à la familiarité trompeuse où l'on se perd à chaque détour de *bolon*, et je crains que mes propos n'en portent la trace…

En pays jóola, le mythographe passionné des grandes gestes relatant la création du monde, telles celles que l'on peut trouver en d'autres régions de l'Afrique, serait singulièrement déçu. Au regard des récits de fondation, des chartes mythiques qui, en d'autres sociétés africaines, disent les commencements de l'humanité, d'une communauté ou d'un village, les discours sur les origines recueillis auprès des villageois *kujamaat* sont singulièrement concis. L'un des seuls récits que l'on pourrait qualifier de mythe d'origine est aussi bref que dense ; il raconte la mise en mouvement de l'univers :

Un python (*ejúnfur*) vivait, dit-on, dans une mare en pleine forêt. Il en sortit un jour pour aller se mesurer à un grand rônier. Lorsqu'il atteignit le sommet, le ciel se mit à gronder, la foudre tomba, la pluie s'abattit d'un coup.

1. H. Deschamps, *Roi de la brousse (mémoires d'autres Mondes)*, Paris 1975, p. 270.

Le grand rônier s'écroula, tandis que mourrait le premier homme. L'immense reptile se transforma alors en un taureau rouge aux cornes multiples et partit s'enfoncer dans la mer.

Le mythe d'une puissance maritime incarnée par un vieux python est récurrent dans toutes les sociétés littorales des côtes de Guinée. Cette figure d'un python associé aux origines, on la sait par ailleurs présente dans de très nombreuses mythologies de la Grèce antique à la Scandinavie, en passant par l'Égypte ancienne ; en Afrique, elle se retrouve aussi dans d'autres sociétés du Golfe du Bénin (ainsi, chez les Fon, du vodun *Dan* associé à la vie, au mouvement et qui soutient l'univers) mais aussi à l'intérieur du continent (on pense au gigantesque serpent Bida aux origines de l'ancien empire du Wagadu[2]). Chez les Gourmantché du Burkina Faso, étudiés par Michel Cartry[3], le python figure une puissance ancestrale totémique enserrant en ses anneaux un morceau d'espace terre. Il est très grave, disent les Gourmantché, de voir un python en train de se dérouler : en libérant la Terre de ses entraves, celle-ci peut se transformer en Terre-tombeau prête à ouvrir sa bouche pour avaler les morts, donnant ainsi au regardant la vision anticipée de sa propre mort. Le python gourmantché, père de l'une des lignées de chefs ayant pour caractéristique d'être aussi « maîtres de la terre », prend place dans des récits qui constituent de vastes cycles de légendes ayant valeur de charte mythique.

Tel n'est pas le cas, chez les Jóola, du python *ejúnfur* qui n'apparaît directement, du moins en l'état actuel de mes connaissances, que dans le très court récit que je viens d'énoncer. Il n'est jamais associé à la fondation de quelque institution sociale et/ou religieuse, royauté sacrée, chefferie ou la maîtrise de la terre par exemple (ces deux dernières fonctions rituelles étant ici tour à tour incarnées par la personne du roi sacré). Alors que l'hippopotame, voire dans certains groupes jóola, la hyène, peuvent bénéficier de funérailles, le python n'est jamais objet d'un traitement rituel. À la différence d'autres squamates, il ne fait pas non plus partie des espèces animales susceptibles d'incarner le double animal d'une personne.

Rien n'est dit non plus de ses rapports avec le Créateur, *Emitey* (du radical *-mit*, ciel, pluie, année), dont les attributs essentiels sont précisément ceux que met en branle l'ascension de *ejúnfur* : la venue des pluies, l'alternance des saisons, le cycle mort/vie. Dans la pratique rituelle, il semble enfin totalement extérieur au système complexe des puissances de la terre, appelées *ukíin* (sing. *bákíin*), dont les sanctuaires quadrillent le territoire et dont l'omniprésence semble saturer l'espace social et religieux. Les *ukíin* occupent sans nul

---

2. Cf. G. Dieterlen, M. Soumare, *L'empire de Ghana : le Wagadou et les traditions de Yéréré,* Paris 1992.
3. Cf. M. Cartry, D. Liberski, « Fondation sans fondateur », dans M. Detienne (éd.) *Tracés de fondation,* Louvain – Paris 1990, p. 85-140.

doute la position de garants des certitudes, croyances et interdits fondateurs qui instituent ici la personne et la société. À chacun est attribué un domaine de juridiction particulier : initiation, accouchement, pluie, guérison, guerre, traitement du vol, du meurtre, etc. Une caractéristique pourtant rapproche les *ukíin* de *ejúnfur* : les *ukíin* sont dits venir de la mer, cet espace que le python taureau a qualifié comme lieu d'origine de toutes les richesses...

Un abbé jóola, Nazaire Diatta, en fait mention dans son travail de thèse consacrée à une approche herméneutique de l'initiation masculine[4]. *Ejúnfur* écrivait-il est « le lieu où se rencontrent tous les éléments de l'univers », « l'alternance heureuse des saisons ». Il faisait allusion aux déambulations en file des initiants pendant leur réclusion en forêt, indiquant que celles-ci reproduisent le trajet du python originel. Mais faute de pouvoir « caler » cette information cruciale sur une description suivie des rituels initiatiques masculins – auxquels l'auteur ne réfère qu'en fonction du développement de son interprétation et dont, par ailleurs, l'observation directe me sera toujours interdite –, je la laissais en suspens consacrant l'essentiel de mes recherches au système des *ukíin,* à l'histoire villageoise et aux rituels du cycle de la vie.

Les narrateurs du mythe du python ajoutent aussi que celui qui trouverait l'une de ses écailles serait riche pour toujours. De ces écailles, je n'en ai jamais trouvé trace et la seule chose qui pourrait s'y apparenter ce sont peut-être ces précieux cahiers sur lesquels, comme tout ethnologue, je consigne au jour le jour mes notes de terrain. Cahiers qui me valurent de très ironiques remarques de la part de mes hôtes lorsqu'un jour, sur une pirogue prise dans le flux un peu tumultueux de la marée, je m'inquiétais pour eux : « Mais, tout ce que tu as écrit là, tu ne l'as donc pas gardé dans ta tête ? ».

Cruelle remarque pour l'ethnologue brutalement rappelé à ses défaillances en matière de mémoire orale mais aussi, en creux, à la question toujours redoutable de ce que signifie l'acte d'écrire pour un ethnologue. À partir de ces notes, mais aussi de ces kilomètres de bandes magnétiques (chants, énoncés rituels, conversations), de ces photographies, documents filmiques, comment, de ces différentes formes d'inscriptions et de leurs relations, tenter de composer un texte écrit ? Question particulièrement redoutable lorsqu'il s'agit de décrire un rituel en tenant compte de l'imbrication des gestes, rythmes, prosodie et paroles ? Dans ses cours publiés dans le *Manuel d'ethnographie*, Marcel Mauss en appelait à une « mythologie de la voix » et à une philologie de l'oral. Il précisait : « Le son, le souffle, le geste peuvent être une prière, au même titre que la parole »[5]. Je ne peux parler de ce défi sans évoquer notre collègue africaniste Michel Cartry qui en avait une conscience aiguë : comme

4. N. U. Diatta, *Anthropologie et herméneutique des rites jóola (funérailles, initiations)*, Paris 1982.
5. *Manuel d'ethnographie*, Paris 1971 (1947[1]), p. 242.

le faisaient entendre tous ses enseignements et ses écrits, « la seule description d'un rite pose des problèmes théoriques plus importants que l'interprétation même du rite ».

Comment, aussi, organiser ces matériaux disparates (culture matérielle, paroles, topographie, rituels, etc.) pour parvenir à rendre compte de ces autres formes de pensée si singulières, « en apparence étrangères, selon les mots de Mauss, à nos entendements d'adultes européens » ? Comment enfin parer au « risque tragique » qui, selon les mots de Lévi-Strauss[6], « guette toujours l'ethnographe (...) d'être la victime d'un malentendu : c'est-à-dire que l'appréhension subjective à laquelle il est parvenu ne présente avec celle de l'indigène aucun point commun en dehors de sa subjectivité même » ? Pour une large part, ces questions ne sont certes pas l'apanage de l'ethnologue, elles se posent de la même façon à tous ceux qui, comme nos collègues, travaillent en d'autres aires culturelles ou d'autres périodes historiques à partir de sources écrites, iconiques ou archéologiques.

Le problème est qu'ici les sources de l'ethnologue ne reposent pour l'essentiel que sur son propre travail d'observation. Travail né de cette étrange relation qu'est la relation ethnographique et dont les particularités matérielles et morales ont été admirablement décrites depuis Malinowski, par Claude Lévi-Strauss, Michel Leiris[7], Jeanne Favret-Saada[8], pour ne citer que quelques-uns de ceux dont l'enseignement et/ou les travaux ont marqué la Section des Sciences religieuses, et par bien d'autres. J'ajouterai cette remarque de René Dognin un ethnologue qui a travaillé dans deux groupes peuls au Cameroun : « Dans la position du rêveur, du lecteur, du spectateur, du voyeur, son corps parasite, ne participant pas à la geste du groupe social, dispose un écran entre son intelligence et ce que lui rapportent ses sens »[9]. Étranger d'une espèce bizarre, dont, dans les premiers temps, la curiosité n'a d'égale que sa totale dépendance dans les gestes du quotidien comme dans l'apprentissage de la langue, l'ethnographe doit d'abord trouver sa place ou plutôt tenter de négocier celle que ses hôtes lui assignent.

C'est là le premier méandre. Permettez-moi d'en dire quelques mots. Chez les Jóola, société rétive à toute forme d'autorité centralisée, la division des compétences rituelles et la suspicion qui règne entre détenteurs de culte ou ritualistes, entre « gens du sacrifice » et convertis, les barrières du secret entre générations et entre sexes dans un système de partition générale de l'espace rituel entre hommes et femmes rendent presque impossible le recours à

6. « Introduction à l'œuvre de Marcel Mauss », dans M. Mauss, *Sociologie et anthropologie,* Paris 1989, p. xxx.
7. Il soutint le diplôme de l'EPHE en 1938 sur la langue secrète des Dogons.
8. Outre son ouvrage avec J. Contreras, *Corps pour corps. Enquête sur la sorcellerie dans le Bocage,* Paris 1981, on pense notamment à son article « Être affecté » paru dans *Gradhiva* 8 (1990), p. 3-10.
9. R. Dognin, « Le jeu de Loi », *Cahiers d'Études africaines* LIV (3), 215 (2014), p. 593.

ce qu'il est convenu d'appeler des « informateurs privilégiés » prêts à livrer quelque exégèse à propos des rites observés ou d'un court récit comme celui du python. Ce constat qui s'impose dès les premiers contacts rendrait presque superflue la recommandation de Mauss à propos des questions de religion : « l'enquêteur travaillera de préférence sans interrogatoire ». On pourrait d'ailleurs ajouter que, chez les Jóola, il n'y a que les défunts qui répondent à des questions directes lors de l'interrogation à laquelle ils sont soumis avant d'être enterrés. Qu'il s'agisse de rituel, de tradition orale, d'histoire locale, les matériaux ethnographiques se constituent pour l'essentiel à partir de l'observation directe de l'exécution de rituels, d'enregistrements de chants, énoncés rituels, de discussions prises sur le vif, du suivi d'événements imprévus ou d'« affaires » entre villages, familles, cohabitants, tels qu'ils se révèlent lors d'un sacrifice, d'une interrogation de cadavre, d'une consultation divinatoire, d'un jugement public, etc. Les commentaires et disputes pointilleuses auxquels donnent lieu ces « affaires », qui relèvent de ce que les Jóola appellent *elob,* « parole lourde » (de conflit), développent à chaque fois de véritables casuistiques qui sont ici, comme ailleurs, une source d'informations extrêmement précieuse.

Croyant en un premier temps trouver un poste d'observation privilégié du côté des femmes, non en vertu du privilège heuristique dont a parfois pu être créditée la relation femme-femmes mais bien au regard des modalités d'une division sexuelle que les Jóola ont tôt fait d'imposer à leurs observateurs, j'avais fini par accepter d'être intégrée à l'une de leurs associations rituelles ; ce qui, d'un côté, me permettait une grande intimité d'observation lors de rituels dont sans cela, j'aurais été exclue mais, de l'autre, avait pour effet de m'interdire tout questionnement sur les rites mêmes que je prétendais étudier. Comme le rappelait Pierre Smith à propos des rites de passage, « le rituel destine à la soumission ceux qu'il promeut »[10]. S'il m'est impossible d'assister aux rituels réservés aux hommes et si, lors des rituels publics, je reste du côté des femmes, c'est auprès de certains ritualistes ou détenteurs de culte hommes qu'une fois levé le temps des méfiances initiales, j'ai pu trouver, en certains moments, rares et toujours advenus à l'improviste, cette condition de félicité pour l'ethnologue : celle de la relation « maître/élève ». Cette relation dédoublée n'est pas sans évoquer la réflexion de Edward Evans-Pritchard comparant ses modes d'intégration aux sociétés Nuer et Zande : « Parce que je devais être en contact tellement étroit avec les Nuer, je les connaissais plus intimement que les Azande sur lesquels je suis pourtant capable d'écrire un rapport plus détaillé. Les Azande ne me laissaient pas vivre comme l'un d'entre eux ; les Nuer ne me permettaient pas de vivre autrement (...) »[11].

---

10. « Rite », dans P. Bonte et M. Izard (éd.), *Dictionnaire de l'ethnologie et de l'anthropologie,* Paris 1991, p. 632.

11. *Les Nuer* (1940[1]), trad. L. Evrard, Paris 1968, p. 30.

En pays jóola, un autre méandre tient au morcellement linguistique et territorial. Les divisions territoriales ont toujours constitué un véritable casse-tête pour tous les observateurs qui s'y sont intéressés ; les divisions historiques, géographiques et linguistiques ne se recoupent pas et les frontières de l'intercompréhension ne recouvrent pas celles que crée la proximité géographique ou encore l'existence de relations d'alliance ou d'entraide rituelle entre villages. Lorsque je déplaçais mon terrain à quelque 40 km au sud de la région de mes premières enquêtes, j'eus d'abord le sentiment d'arriver en terre inconnue tant le lexique et l'organisation sociale et rituelle semblaient à première vue présenter d'écarts. Hormis l'habitat, les techniques matérielles et les salutations, ce que je croyais connaître des sociétés jóola se réduisait à peau de chagrin. Ainsi, par exemple, il en allait de la topographie villageoise et du mode d'articulation entre résidence et parenté. Selon un schéma classique, repris par la plupart des chercheurs qui ont travaillé dans la région, un village serait composé d'un emboîtement d'unités résidentielles habitées par les membres d'un même lignage ou d'un même segment de lignage. Un quartier regrouperait deux à trois patrilignages, issus de sous-quartiers correspondant à chacun d'eux, sous-quartiers eux-mêmes composés de différents segments d'un même lignage répartis en « concessions », ensembles de maisons des ménages d'un homme et de ses fils mariés. Pourquoi donc un homme devait-il aller dans le quartier voisin pour sacrifier à l'un de ses autels lignagers ? Pour lever la perplexité où me plongeaient de telles observations, je dus entreprendre une nouvelle enquête, fort laborieuse, sur l'origine lignagère des habitants de divers sous-quartiers, au terme de laquelle je m'aperçus qu'aucune de ces unités à commencer par la plus élémentaire, la « concession », n'était habitée par les membres d'un seul et même lignage ou segment de lignage. S'écroulait ainsi le modèle d'une congruence entre unités de filiation et de résidence et corrélativement, la simplicité d'une grille de lecture des divisions de l'espace villageois et de la répartition des autels que je pensais acquise.

Repérer les unités socialement pertinentes (chaînes de village, unités de résidence, groupes de filiation, associations rituelles) était une tâche d'autant moins évidente que de ces unités, les fondements ne sont pas de même nature et les découpages qu'elles imposent à l'espace social ne se superposent pas. Pour en saisir au vif les contours, l'observateur n'a à sa disposition qu'un matériau au demeurant incomparable, celui des rituels collectifs qui les mobilisent et les mettent en scène à chaque échelle : la circulation de rites identiques, selon un ordre de rotation fixe et le partage d'un même calendrier, dessine, au-delà du fractionnement linguistique et des limites géographiques, de véritables aires rituelles. À l'échelle du village, l'exécution des rituels liés au cycle agraire, aux chasses rituelles, aux intronisations de responsables de culte, au calendrier initiatique, dans leur ordonnancement et leurs chorégraphies, reconstruit minutieusement et l'unité villageoise et l'articulation à l'ensemble de la moindre de ses divisions locales. On ne peut de même saisir la réalité d'un segment de lignage, dispersé entre plusieurs quartiers, qu'au moment des rites effectués sur l'autel lié aux terres qu'il se partage et qui lui donne son nom. Mais encore faut-il être présent au moment où ils se déroulent, car ici, personne n'en dira mot en dehors de leurs temps d'effectuation.

Plus encore que dans le repérage de ces unités, j'étais perdue dans le paysage multiforme d'instances, les unes (*ukíin* et autels lignagers) dûment circonscrites dans un sanctuaire à elles voué, les autres (génies de brousse, doubles animaux) dispersées dans la brousse ou au fond des *bolons*[12]. Reprenant les enquêtes presque « à zéro », je finis par comprendre que les cultes que je connaissais ailleurs sous d'autres noms n'étaient en quelque sorte que les points les plus saillants d'un système beaucoup plus complexe qui m'apparaissait peu à peu. Chaque nouveau parcours à travers le village ou la brousse alentour révélait de nouveaux bosquets ou enclos sacrificiels – et je ne suis pas certaine de n'en point trouver d'autres lors d'une prochaine mission – tandis que des liens insoupçonnés entre tel et tel rite éclairaient tout à coup un nouveau champ, forçant à une conversion du regard, complexifiant ou remettant en question les classifications que j'avais cru y repérer. Pour tenter de me repérer dans cette nébuleuse qu'offrait à première vue ce foisonnement d'instances, je m'appuyai sur une première ligne de fracture opposant des puissances *ukíin* ne tolérant pas l'indifférenciation sexuelle et d'autres, indifféremment détenus par un homme ou une femme. En résumé, tout ce qui se rapporte aux initiations masculines, à la royauté, au droit villageois, est sous la tutelle d'*ukiin* réservés aux hommes ; tout ce qui touche à la procréation et à la fertilité dépend des *ukiin* réservés aux femmes. Cette division recoupe en large partie une autre distinction : celle qui tient aux modes d'accès à la charge d'un *bákiin*. La plupart des responsables des *ukiin* exclusivement réservés à un sexe sont « pris » par rapt au terme d'une véritable chasse à l'homme (ou à la femme), la plupart des autres acquièrent leur *bákiin* par de lourdes tournées sacrificielles étalées sur plusieurs années. Cette opposition permet encore d'esquisser une ligne de démarcation entre deux modèles : inféodation et incorporation du responsable du culte à son *bákiin* d'une part, médiatisation et dédoublement du rapport du responsable à son *bákiin* de l'autre. À ces deux voies d'accès à la maîtrise rituelle d'un *bákiin,* rapt et tournée sacrificielle, correspondent deux attributs bien différents : un long bâton de bois rouge, insigne et partie intégrante du *bákiin* dans le premier cas, un harpon, qui, dans son rapport au *bákiin* sert de doublet à son détenteur, dans le deuxième. Si dans les deux cas, les rituels d'intronisation sont une véritable initiation, ils se greffent sur des opérations différentes : il s'agit dans un cas (*ukiin* « à bâton ») de confier un *bákiin* à une personne choisie par le village, laquelle s'en serait bien passée ; dans l'autre, d'acquérir un *bákiin* qui se serait manifesté par un

12. Terme d'hydrologie désignant les bras de mer qui entrent dans les terres, caractéristiques des zones côtières du littoral atlantique d'Afrique de l'ouest.

rêve ou une rencontre sidérante en brousse. Cette grande partition recouvre enfin deux champs : l'un est régi par les principes de la division sexuelle : inscrite au cœur de la pensée classificatoire, de la pratique rituelle et des principaux interdits, celle-ci ne peut donner prise à des opérations de transformation. Son analogon cosmique – la séparation et la succession des saisons sèche et pluvieuse, dont le roi et les femmes du grand *bákiin* lié à la fertilité sont garants dans leur personne physique – peut connaître des perturbations, mais ne peut être défait ; l'autre traite pour l'essentiel des affaires de la vie en société, des aléas et des conflits qu'elle engendre : meurtre, vol, accidents, guerre, etc. Tout cela permettait de construire un beau tableau d'oppositions dualistes. Mais la réalité ethnographique, inévitablement, devait déborder cet exercice de la « raison graphique »[13]. Le fait qu'une même personne puisse cumuler à la fois des charges imposées par force et d'autres acquises par tournée sacrificielle compliquait sans doute les choses sans pour autant bousculer l'opposition dessinée. D'autres observations, que je ne développerai pas ici, vinrent peu à peu introduire quelques brouillages secondaires. C'est en fait une situation inédite qui m'obligea à reprendre l'enquête sur l'opposition *ukíin* « à bâton » et *ukíin* « à harpon ». Le détenteur du plus important des *ukíin* « à harpon », celui qui coiffe tous les autres, dont l'état était jugé critique avait été transporté dans son sanctuaire où il se laissait mourir. C'est alors que les langues se délièrent : « C'est lui qui tient la terre, s'il meurt, nous serons un village de Blancs ». Pourtant, tous les autres sanctuaires étaient pourvus et il avait commencé à instruire le seul initié susceptible de le remplacer, hélas trop porté sur le vin de palme. « Tenir la terre », c'est-à-dire selon la polysémie du terme jóola *etaamay* – la terre, le sol, le territoire, les habitants qui en sont originaires, mais aussi l'ensemble des puissances censées résider en ses profondeurs –, c'est la fonction que je croyais entièrement dévolue au roi sacré. Je compris alors que la fonction de ce *bákíin* excédait de loin sa position prédominante dans le champ des *ukíin* « à harpon » et que la crainte et le respect qu'inspirait son détenteur ne tenaient pas seulement à sa prestance, sa mémoire et son inaltérable lucidité. Deux fonctions rituelles majeures lui incombent en effet : la maîtrise du calendrier rituel des cycles liés aux *ukíin* « à bâton », des rites agraires, de la prise d'un nouveau roi ; c'est encore lui qui se charge, toujours en secret, de la réfection des points focaux des sanctuaires « à bâton », y compris ceux réservés aux femmes. Autant de faits qui invitaient à réfléchir de plus près aux subtilités d'une articulation qui reste encore à explorer.

13. J. Goody, *The Domestication of the Savage Mind*, Cambridge 1977. Traduction française : *La raison graphique, La domestication de la pensée sauvage*, traduit et présenté par J. Bazin et A. Bensa, Paris 1979.

Il est un moment où, au détour d'un méandre, la marée reflue et voilà qu'on se retrouve dans une eau à l'étal avant que le courant ne s'inverse. Sur le terrain, l'ethnologue n'arrive pas vierge des pistes interprétatives, des classifications, des oppositions que la littérature anthropologique a pu lui rendre familières et qui l'entraînent dans le flux du connu au risque de rester aveugle à ce qui dérangerait ses précieuses bouées de sauvetage. On se souvient encore de cette parole de Mauss : « Il n'y a rien de plus arbitraire, de plus variable, de plus extraordinaire que les classifications »[14]. Celles des autres et les nôtres, communes ou savantes, pourrait-on ajouter. Or, comme leurs voisins des sociétés de la région dite des « Rivières du sud », les Jóola excellent, si j'ose dire, à les déjouer : il en est ainsi des oppositions communément admises comme opératoires dans le domaine auquel je me suis intéressée, celui de la division sexuelle dans le rite (dedans/dehors, actif/passif, relation d'être/relation d'avoir, relation immanente/relation médiatisée). À différentes reprises, Françoise Héritier avait formulé l'hypothèse que le ressort fondamental de tout le travail symbolique greffé sur le rapport de sexes serait cette opposition maîtrisable/non maîtrisable, voulu/subi, en référence aux écoulements de substances corporelles. Dans l'ouvrage qu'elle publiait en 2002[15], elle revenait sur cette hypothèse : faire de ce type d'opposition le ressort fondamental de la hiérarchisation entre sexes serait, écrivait-elle, supposer comme existant au préalable une valorisation du vouloir, de l'actif, sur le passif. Cette remise en question laissait cependant admettre comme évident le fait que tout écoulement de sang menstruel soit pensé comme passif. Par ailleurs, et de manière générale, que ce soit pour expliquer l'exclusion des femmes de certaines opérations rituelles aussi bien que leur nécessaire intervention en d'autres occasions, c'est leur pouvoir procréateur qui est invoqué, tant dans les discours locaux que dans de nombreuses interprétations *in fine* livrées par la littérature ethnologique. Ainsi, là où les femmes sont exclues des fonctions de sacrificatrices, on dira souvent que donnant la vie, elles ne peuvent donner la mort.

Or il se trouve que les femmes jóola manient très ordinairement le couteau du sacrifice. Comment articuler ce fait, banal pour les Jóola, avec l'ensemble des spéculations et des interdits très contraignants qui font des formes d'écoulement sanglant un opérateur cardinal à l'établissement de toutes sortes de séparations et d'incompatibilités entre personnes, activités, espaces et temps ? De manière générale, toute effusion de sang est prise dans un faisceau d'interdits, de lieu, de contact, de regard, d'écoulement « sauvage ». Cette logique d'incompatibilité s'étend à un ensemble de situations ou de faits apparemment hétéroclites, mais que les Jóola assimilent à un acte sanglant. L'incision à la lancette de la feuille du palmier pour en récolter le vin (la sève étant appelée « sang » *asím),* le labour des rizières en font partie : ainsi, lorsqu'on « la

14. *Manuel d'ethnographie,* p. 243.
15. *Masculin-Féminin II, Dissoudre la hiérarchie,* Paris 2002.

fend », la terre est réputée saigner, en référence aux petits animaux rouges qui en sortent et l'on ne peut faire de sacrifices collectifs les jours où on laboure. Si la première ligne de séparation est celle des sexes, c'est en tant qu'elle est façonnée dans l'espace rituel et symbolique : tandis que l'initiation masculine construit des hommes en leur attribuant le pouvoir de faire couler le sang, c'est le premier accouchement d'un enfant vivant – moment empruntant à l'initiation toutes ses caractéristiques séquentielles et sa violence rituelle – qui construit une femme adulte comme actante sur la scène sacrificielle. En un premier temps, suivant en quelque sorte la pente de la littérature ethnographique et des spéculations jóola relatives aux épanchements sanglants, ce sont ces deux moments - initiation masculine et premier accouchement - dont j'avais privilégié le rapport, dans la foulée de cette observation récurrente, quasiment banale, rapportée par maint ethnologue, que les initiations masculines "tribales" réalisent la séparation sociale des sexes par « l'appropriation mimétique des propriétés ou des capacités naturelles de l'autre sexe »[16]. La logique du sacrifice sanglant pratiqué par les femmes n'en restait pas moins problématique. Si le sacrifice masculin prend place parmi une série d'actes pensés comme homologues (chasse, guerre, labour des rizières, récolte du vin de palme) mais dissociés les uns des autres, pratiqué par les femmes, il s'inscrit dans le prolongement d'événements vécus individuellement et dont le déclenchement semble échapper à tout contrôle. Je remarquais cependant, en observant tous les interdits relatifs à ces écoulements sanglants, que lorsqu'ils surviennent en elles, les femmes deviennent les actantes de leur transformation rituelle en les inscrivant immédiatement dans le temps et l'espace codé d'une relation aux puissances de la terre. Ce n'est ainsi que le jour où je fus invitée à pénétrer la case d'accouchement traditionnelle, que je compris qu'elle était construite comme un véritable sanctuaire et que l'autel de l'instance présidant à la parturition y était installé. Relativement à la pratique sacrificielle, ce qui est ici discriminant pour les femmes n'est pas, comme en bien d'autres sociétés, leur capacité à procréer (il faut au contraire qu'elles en aient fait la preuve), mais seulement les périodes lors desquelles leur sang coule (menstrues, lochies).

Mais c'est en déplaçant l'attention vers d'autres rites, tels par exemple ceux qui traitent des meurtriers que je compris que l'on était en présence d'une tout autre manière de penser le rapport entre état et action, être et faire. Le traitement rituel des différents écoulements sanglants comme de ceux qui les provoquent, les subissent ou encore entrent à leur contact par un simple regard, ne tient guère compte des oppositions volontaire/involontaire, actif/passif. Lors des danses funéraires d'un ancien militaire natif du village, je m'étonnais de l'importance du cortège formé par ses homologues « meurtriers ». L'enquête

16. Cf. A. Zempleni, « Initiation », dans P. Bonte, M. Izard, *Dictionnaire de l'ethnologie et de l'anthropologie*, Paris 1991, p. 375-377.

devait révéler qu'en fait était mise sous la coupe du *bákíin* traitant du meurtre et donc soumise à un même rituel, fort exigeant, toute personne ayant tué par effusion de sang, ou ayant vu tuer ou encore ayant touché le cadavre sanglant de la victime. Ce qui n'a rien de surprenant dans une société restée largement imperméable aux constructions juridiques occidentales. Mauss l'avait déjà fermement souligné : « Dans le droit primitif comme dans le droit religieux, l'intention n'est nullement requise pour faire d'un acte une faute ou un crime »[17]. Les faits de langue sont explicites de cette forme de pensée lorsqu'ils nomment par un même terme un rite et l'état ou le statut de celui qui l'effectue (ainsi des séquences funéraires désignées par le même mot, *arimenew,* que les femmes natives du lignage qui en sont chargées, ou encore l'état de parent de jumeau, les afflictions et le *bákíin* qui en traite, appelés du même terme, *bulunt*). Ainsi, en matière de division sexuelle, toutes les oppositions citées s'appliqueraient plutôt à différents moments de chaînes opératoires ou d'états de la personne qu'à des catégories de sexe définitivement assignées à l'un ou l'autre pôle. Le fait que les femmes voient couler leur sang alors que les hommes le font couler à la guerre ou à la chasse, n'expliquait rien de la position des unes et des autres sur la scène rituelle (et plus généralement d'ailleurs, sur la scène sociale).

L'un des interdits liés aux écoulements sanglants – celui d'« aller en haut », expression qui s'applique au fait de monter à un arbre, mais aussi à des « élévations » plus mineures, telles que s'asseoir sur un tabouret et non à terre, lever les bras pour attraper les gerbes de riz du grenier – interdit commun à toutes les situations lors desquelles on saigne (circoncision, accouchement, menstrues) m'est longtemps resté énigmatique. Aucun villageois, aucun ritualiste ne put ou ne voulut répondre à mes questions sinon par cette formule laconique : « le sang doit aller directement à la terre ». C'est alors que je repensais au python : il m'apparut que cet interdit renvoyait au mouvement initial, un mouvement vers le haut, déclenchant la mise en route d'un temps cyclique. Rééditer ce mouvement au moment même où déjà en sont advenus les effets, en brouillant le cours du temps, serait fatal. Cette hypothèse devait prendre corps avec l'énoncé inédit des conséquences de la violation d'un autre interdit visant un geste agissant à l'inverse du précédent : celui de commencer la mise en culture des rizières avant que n'aient été effectués les sacrifices d'ouverture du cycle agraire à l'orée de la saison des pluies. Seuls les ritualistes, ordonnateurs de ces sacrifices, savent interpréter les signes annonçant que le temps est venu de labourer les rizières. Cet interdit, je le connaissais depuis longtemps, mais non le risque encouru par son transgresseur : se faire avaler par *ejúnfur*... De vouloir anticiper la mise en branle du cycle agraire et

---

17. M. Mauss, « La religion et les origines du droit pénal d'après un livre récent. II », *Revue de l'histoire des religions* 34 (1896) ; *Œuvres* II, Paris 1969, p. 694.

défier le cours normal du temps, un cours dont les puissances *ukíin* ne sont que les agents, il serait condamné à l'anéantissement dans le ventre du python mythique.

Je n'en finirai pas de reparcourir les méandres ultérieurs de mes enquêtes ; je me permettrais seulement d'en donner un dernier exemple, celle menée sur cette composante singulière de la personne, véritable *alter ego* qu'est pour les Jóola le double animal, *ewùùm,* auquel la destinée de chacun est intimement liée. « Le » double croyais-je d'après quelques enquêtes antérieures jusqu'à ce qu'un travail collectif initié par mon prédécesseur, Alfred Adler, remettant en chantier la notion de totémisme me pousse à reprendre l'enquête. En quelque sorte « formatée » par les conceptions classiques du totémisme associant un objet ou une espèce totémique (animal, plante, etc.) à une unité sociale de type « clan », il me semblait aventureux de constituer les doubles animaux jóola en espèces totémiques, ce d'autant qu'il est particulièrement difficile de raisonner en termes de « clans » chez les Jóola et qu'avant d'être métaphorique, la relation au double animal est ici posée d'abord comme une relation ontologique. Un article écrit par un collègue américain[18] ayant travaillé dans un autre groupe jóola plus septentrional m'avait cependant intriguée lorsqu'il avançait que l'on pouvait parler de « totémisme complémentaire » à condition d'admettre que la notion de double animal permettait de penser les différenciations et oppositions non pas entre unités discontinues d'unifiliation, mais au sein même de la parenté entre maternels et paternels. Mais ses matériaux étaient cependant trop éloignés de ceux qui m'étaient familiers pour que je puisse d'emblée le suivre dans sa démonstration. Chez les *Kujamaat*, chaque patrilignage possède un autel associé à une espèce animale particulière mais, au fil de l'enquête, il m'apparut vite que le nombre de ces autels était relativement limité au regard de l'étendue des prohibitions matrimoniales. Sachant que tout ce qui se passe dans le monde des humains est déjà advenu dans le monde des doubles (ainsi, pour qu'il y ait mariage, il faut que les doubles des partenaires « se soient déjà aimés »), il y avait là une énigme. Comment croire qu'une biche puisse aimer une panthère ? C'est en assistant à un rituel effectué sur l'un de ces autels pour un sacrifiant d'un autre lignage, que je compris enfin qu'une personne normalement constituée n'avait pas qu'un seul double, mais plusieurs, de quatre à six, hérités de ses lignées paternelle et maternelle et dont une partie reste en latence jusqu'à ce qu'une maladie, une stérilité ne les révèle peu à peu. On était là non seulement en présence d'une théorie génétique indigène et d'une conception du moi intégrant des appartenances a priori méconnues, mais aussi d'une tout autre vision de l'espace et

---

18. J.-D. Sapir, « Fecal animals : an example of complementary totemism », *Man* (1977, 12), p. 1-21.

des relations sociales, relations diffractées en autant de configurations que le permet le fait d'avoir telle ou telle espèce commune comme double. Pour les Jóola, nul n'est jamais un à une seule place.

J'en reviens pour finir au python originel dont la figure semble même précéder celle du dieu Créateur *Emitey* et celle des puissances par lui jetées sur la terre. La métamorphose de *ejúnfur* en taureau, symbole de force et de fougue mais aussi de puissance génésique, semble bien signifier que l'univers longtemps gesté dans la mare est arrivé à maturité et prêt à engendrer périodiquement la pluie, les enfants, les récoltes…

Sur le terrain, c'est une rêverie qui m'y avait ramenée lorsque, m'échappant d'une posture parasitée par le souci constant de consigner le plus d'observations possible, je me laissais aller à l'ambiance et au spectacle des immenses cortèges dansants organisés en des circonstances rituelles particulières, à commencer par ceux qui accompagnent les néophytes avant leur départ dans la forêt initiatique mais aussi lorsqu'ils en sortent, magnifiquement parés des pagnes noirs, couleur des gros nuages prêts à engendrer la pluie. Je m'imaginais observer d'en haut ces « dispositifs chorégraphiques travaillant, pour reprendre les termes de Pierre Legendre[19], la masse humaine transformée en une masse de danseurs, matière sonore et mouvante, traversée d'un discours lui aussi authentifié et légal ». Je repensais aussi à ces immenses files de danseurs qui, lors de maints rituels collectifs, de village en village, de quartiers en quartiers, de forêts sacrées en forêts sacrées, sillonnent le territoire en des moments précis du règne royal ou du calendrier agraire.

Or, les rites qui mobilisent de telles mises en scène ont ceci en commun qu'ils accompagnent, voire provoquent un passage ou un mouvement de bascule crucial dans la vie du groupe (rites agraires, passage d'une saison à l'autre, appel à la pluie, intronisations) ou de l'individu (mariage, funérailles). Loin d'en être seulement l'accompagnement festif ou cérémoniel, ces chorégraphies – toujours chantées et rythmées par des tambours particuliers – en constituent le moteur essentiel.

Pour que le dernier principe vital encore logé dans la dépouille d'un défunt parte vers le village des morts, il faut que soit dansée et chantée des heures durant, en cercle, autour de lui, la geste de ceux qui l'ont précédé ; pour que le riz fraîchement récolté puisse être consommé, pour qu'advienne le passage d'un cycle rituel à l'autre, l'un centré sur la procréation de la graine, l'autre sur la procréation humaine, il faut qu'à l'échelle du pays soit activé un échange d'invitations et de rituels entre villages, marqué par l'arrivée puis la rencontre, elle-même soigneusement chorégraphiée, de chaque délégation avec les autres.

---

19. *La passion d'être un autre, Étude pour la danse*, Paris 1978 (Collection « Le champ freudien »).

Chaque cortège, circulaire ou linéaire, est ouvert par les responsables du ou des cultes sous la tutelle desquelles est organisé le rite. S'agglutinent à ce corps en mouvement, par rang d'âge ou de statut, tous les segments de la société, séparés et dispersés dans la vie ordinaire. Tout l'espace villageois, mis en mouvement, se métamorphose : de nouvelles lignes le redessinent circonscrivant tour à tour tel et tel espace, puis les reliant les uns aux autres par ces longs rubans de danseurs qui progressent selon des trajectoires codées, révélant une topographie d'ordinaire invisible, entre lieux chargés de l'histoire locale ou de la présence de quelque entité.

Si le python est insaisissable, c'est peut-être aussi qu'il est le mouvement même de la vie sociale, celui dont Mauss écrivait, à la fin de l'*Essai sur le Don* : « C'est en considérant le tout ensemble que nous avons pu percevoir l'essentiel, le mouvement du tout, l'aspect vivant, l'instant fugitif où la société prend, où les hommes prennent conscience sentimentale d'eux-mêmes et de leur situation vis-à-vis d'autrui »[20].

« En matière de religion plus qu'en aucune autre, disait encore Mauss, une longue intimité seule permettra d'obtenir quelques renseignements »[21]. Donner le temps à la maturation de cette longue intimité, tout en ouvrant en permanence à la comparaison entre différents systèmes de pensée proches ou lointains, l'École pratique des hautes études est certainement l'un des rares lieux où soient réunies, dans un climat de grande liberté intellectuelle, ces deux conditions. Mais aussi donner le temps d'entraîner nos étudiants et auditeurs dans les détails d'un rite, dans les plis et les replis d'une recherche toujours en gestation et ce faisant, leur transmettre le goût d'une exploration non inféodée à des impératifs d'efficacité « sociale » immédiate. Aujourd'hui parfois vouée aux gémonies par les chantres de la mondialisation, l'attention portée aux rituels et aux systèmes de pensée africains, semble pourtant indispensable pour saisir ce qui est touché au cœur par les mutations actuelles mais aussi les ressources inépuisables qu'offrent les formes d'une pensée rituelle, éminemment plastiques, mais qui permettent encore de construire ou reconstruire de l'humain et de faire société.

Sans danse ni défilé, ce sont des instants comme celui de cette rencontre qui ravivent cette conscience sentimentale de l'honneur et du bonheur que j'ai d'avoir fait partie de ce « corps » qu'est celui des enseignants-chercheurs de l'École et plus particulièrement de la Section des sciences religieuses.

---

20. « Essai sur le don. Forme et raison de l'échange dans les sociétés archaïques », *L'année sociologique* (1923-1924), p. 275.
21. - *Manuel d'ethnographie,* p. 210.

BRICOLER AVEC LES DIEUX

Christiane Zivie-Coche
EPHE – PSL « Religion de l'Égypte ancienne ».

Parcours de reconnaissance ou « parcours de la reconnaissance », comme Paul Ricœur intitulait l'un de ses derniers ouvrages, et comme fut nommée cette rencontre de mai 2015 ? Quelle reconnaissance dans cet étrange après-midi qui nous a réunis après des années d'enseignement et avec encore quelques-unes devant nous, je l'espère ? Comme l'avait analysé le philosophe, la polysémie de ce terme est riche. Et sans vouloir à mon tour philosopher, il me faut bien m'avancer quelque peu sur les chemins de la re-connaissance, non sans une certaine mélancolie en me retournant vers les années passées.

Re-connaître l'objet d'étude auquel j'ai consacré tant « d'années, de mois, de jours, d'heures », comme disent les hymnes égyptiens, ce sera un peu plus tard le centre de mon propos. Le reconnaître comme dans un parcours qui ne s'achève jamais et qui est ainsi placé sous le signe, nécessairement, de l'incomplétude.

À travers cette approche, sans doute, également se reconnaître soi-même pour ce que l'on pense être, ce que l'on s'est fait et ce que l'on devient à travers une démarche de réflexivité face à l'objet d'étude, mais aussi par le biais d'une démarche alternative et plus subjective au contact des autres. C'est là d'ailleurs le cheminement de Ricœur dans la progression de son parcours.

Et là, je ne peux que me retourner vers mes premières années d'étudiante lorsque j'ai découvert l'École Pratique des Hautes Études avec l'enseignement de maîtres de haut talent, Jacques Jean Clère, Georges Posener et Jean Yoyotte, qui m'ont appris ce qu'était la recherche et quel chemin prendre pour tenter d'y parvenir. À eux, à Jean Yoyotte en particulier, je garde reconnaissance, gratitude et fidélité sans faille. C'est seulement dans cette maison, notre maison, qu'il n'est pas, pas encore du moins, illicite de passer deux heures de séminaire à lire deux lignes d'un texte, d'abord pour comprendre ce qu'il veut dire, ensuite pour le comparer, parfois en vain, avec d'autres, afin de lui donner toute son ampleur et sa signification contextuelles.

10.1484/M.BEHE-EB.5.117285

Et puis, un jour, on passe de l'autre côté, en face d'auditeurs, de doctorants, de jeunes chercheurs avec lesquels à son tour on se livre à ce même jeu, en tentant de déconstruire la *doxa* parfois trop bien installée, même dans un domaine aussi jeune qu'est celui de l'égyptologie ; sans jamais prétendre parvenir à une vérité qui serait définitivement acquise. À ce propos, je voudrais citer le passage d'une interview qu'a donnée Claude Lévi-Strauss après la parution du volume IV des *Mythologiques, L'homme nu* (1971) et qui me paraît révéler profondément la tâche qui nous incombe, la nécessaire modestie que cela entraîne, l'indispensable remise en question, chaque jour :

> On a souvent tendance à contester la validité de nos affirmations, sous prétexte qu'il est impossible de vérifier si elles sont vraies ou fausses (à propos de l'analyse des mythes). Dans les sciences humaines, nous ne travaillons pas sur les objets du monde extérieur, mais sur la conscience des hommes, et nous ne pouvons jamais être sûrs qu'au-delà du niveau de conscience ou d'inconscience auquel nous nous situons, il y ait toujours derrière, et ainsi de suite comme en abîme, d'autres niveaux de conscience ou d'inconscience. Les seules démonstrations à quoi nous puissions prétendre sont celles qui permettent d'expliquer plus de choses qu'on ne le pouvait avant. Cela n'entraîne pas qu'elles soient vraies, mais seulement qu'elles préparent le chemin à d'autres démonstrations qui viendront plus tard expliquer plus encore, et cela indéfiniment, sans jamais accéder à une vérité acquise[1].

Bien sûr, il convient dans le cas de l'égyptologie de nuancer ces propos, puisque nous travaillons aussi sur les objets du monde extérieur, sur la vie et la culture matérielles, sur les résultats de l'archéologie, en conjuguant les données que nous pouvons en tirer avec celles de l'étude de la religion, c'est-à-dire d'un système de pensée. Et contrairement aux ethnologues, nous n'avons pas d'interlocuteurs en face de nous pour tenter d'appréhender leurs « niveaux de conscience et d'inconscience ». Mais, à tout le moins, nous pouvons nous revendiquer de cette poursuite qu'il faut toujours prolonger, finalement d'une quête sans fin d'hommes qui ont disparu pour tenter de mieux les connaître et les comprendre ; ce qui implique une forme d'empathie, la reconnaissance que par-delà le temps et l'espace nous appartenons au genre humain et sommes donc susceptibles d'aborder l'histoire de cultures mortes, avec autant d'objectivité que possible. Et en cela, quoi qu'en pensent, ou du moins en disent, certaines autorités scientifiques, certains universitaires, nous ne serons jamais des « produisants de livrables » comme nous ont qualifiés absurdement des documents émanant par exemple de l'Agence d'évaluation de la recherche et de l'enseignement supérieur ; la recherche ne peut être définie comme un

1. Repris dans Claude Lévi-Strauss, *Les Cahiers de l'Herne*, 2014, p. 43-44.

système de production dont les résultats seraient à comparer à ceux d'une entreprise fabriquant quelque objet de consommation, savonnettes, gazinières, locomotives et ordinateurs…

J'ai évoqué les maîtres auxquels me lie un tel parcours de la reconnaissance, mais je n'oublie pas celles et ceux que j'ai eus en face de moi pendant plus de vingt ans et pour quelques années encore, je l'espère. C'est là la confrontation avec l'autre, non pas dans un sens agonistique, mais comme un face-à-face qui suscite le questionnement, voire la remise en cause de ce qui paraissait acquis, qui fait surgir une idée, une hypothèse nouvelle. On ne réfléchit pas de la même façon seul à son bureau devant des textes souvent obscurs ou devant un auditoire. Et c'est la présence de cet auditoire, même quand il est silencieux, qui crée un mouvement particulier de la réflexion et du dévoilement, sans compter son répondant, sa curiosité, son alacrité devant les difficultés. C'est ce que j'ai découvert dans l'enseignement si spécifique de l'École après des années comme chercheur au CNRS, et je ressens toujours une profonde satisfaction quand s'instaure un dialogue qui se poursuit bien au-delà des séminaires.

Dans ce parcours de reconnaissance, j'ai voulu évoquer ce qui me paraît définir au plus près mon activité, et que j'ai intitulé « Bricoler avec les dieux », mais ce n'est pas uniquement une activité d'égyptologue. Ce verbe « bricoler », je l'ai évidemment emprunté à Claude Lévi-Strauss qui consacre quelques pages au bricolage dans *La pensée sauvage* (1962)[2]; terme qui a été ensuite largement repris par les anthropologues, mais aussi par différents spécialistes des sciences humaines, et même dans le discours courant, au point d'être maintenant un peu galvaudé. Mais qu'est-ce que bricoler ?

Loin d'avoir le caractère dépréciatif que lui confère le sens commun, faire de bric et de broc avec des bouts de ficelle, bien que cela soit fort à la mode aujourd'hui – *do it yourself* –, le bricolage intellectuel dénote au contraire la capacité d'ajuster, et avec autant de précision que possible, des informations disparates qui sont les seules à notre disposition, quand bien même nous nous efforçons – et cela est nécessaire – de courir après l'exhaustivité des sources ; ajuster ces éléments entre eux pour parvenir à trouver un fil signifiant dans le tissu de rites et rituels, d'hymnes et prières, d'incantations dites magiques ; tissu qui a paru aux égyptologues empreints de positivisme de la fin du XIXe siècle ou du début du XXe siècle un fatras non structuré, une multiplicité de pratiques incompréhensibles pour des esprits qui se voulaient cartésiens, mais qui, aussi, étaient implicitement les tenants d'un ethnocentrisme occidental, empreints de l'idée de la suprématie du monothéisme sur le polythéisme des religions traditionnelles. Bricoler, c'est parvenir à assembler

2. C. Lévi-Strauss, *La pensée sauvage*, Paris 1990, p. 30-49.

des informations parfois largement séparées par le temps et l'espace pour comprendre le fonctionnement d'un mythe ou celui d'un rituel et leur évolution au cours de trois millénaires.

Prenons le cas d'un dieu et des mythes qui l'impliquent, celui d'Osiris, le plus connu, même de ceux qui ne sont pas égyptologues. Osiris est déjà présent dans les plus anciens textes religieux, funéraires, dont nous disposons, les *Textes des pyramides*, gravés dans les parties souterraines des pyramides royales, les chambres funéraires de la fin de la Vᵉ dynastie et de la VIᵉ, à l'Ancien Empire, à la fin du troisième millénaire avant notre ère. Ces textes, ensemble d'injonctions rituelles devant permettre au pharaon qui en dispose d'accéder à la vie dans l'au-delà, ne sont que la partie connue, émergée et parvenue jusqu'à nous, parce qu'écrite, d'un répertoire plus vaste et qui était très probablement en usage avant même qu'ils ne fussent gravés dans la pierre. Ils seront réutilisés avec des transformations dans le corpus qui les a remplacés au cours du Moyen Empire, au début du second millénaire, connu sous le nom de *Textes des sarcophages*, car tel est leur support désormais, ou bien repris, tels quels, près de deux millénaires plus tard par des dignitaires sur les parois de leurs tombes. Osiris y est déjà le dieu funéraire, victime de son frère Seth, le meurtrier. Le crime suivi du démantèlement du corps du dieu, y est évoqué avec beaucoup de discrétion, tant il est, semble-t-il, peu dicible. Une discrétion qu'Hérodote fera sienne dans ses *Histoires*, mais non pas Plutarque qui offre dans le *De Iside et Osiride* la seule version narrative complète du mythe, certes un peu hellénisée, mais dans l'ensemble fiable. Ce serait cependant une bien courte vue que de s'en tenir là. Des textes complexes, en particulier des cosmographies gravées ou peintes dans les tombes royales du Nouvel Empire essentiellement, au cours du deuxième millénaire et plus tard, révèlent que le monde funéraire, monde inférieur dans les strates qui structurent le cosmos, est traversé par le dieu solaire, Rê, qui y disparaît chaque nuit pour resurgir rajeuni, chaque matin à l'orient. Et durant ce parcours qu'il effectue dans une barque, il rencontre Osiris et s'unit à lui de manière temporaire et réversible. Ainsi faut-il, en suivant les Égyptiens, bricoler cette relation qui peut paraître incongrue entre le dieu régnant sur le monde des morts et celui solaire qui appartient au monde céleste. C'est ce que les égyptologues appellent fréquemment la « solarisation » d'Osiris, le dieu solaire lui insufflant une vie nouvelle quotidiennement ; mais dans un ouvrage récent, l'égyptologue Mark Smith propose l'expression plus appropriée *solar Osirian cycle*[3]. Désormais, ce ne sont plus deux voies totalement distinctes et irréconciliables que suivent le roi et les autres défunts, une voie céleste et une voie souterraine pour être bref, mais un cycle perpétuel qui les conduit du domaine solaire céleste au monde d'en-dessous. C'est probablement le fruit d'une évolution et d'une

3. M. Smith, *Following Osiris. Perspectives on the Osirian Afterlife from Four Millennia*, Oxford 2017.

réorganisation des croyances funéraires au cours du temps, dont nous sommes les témoins, sans pouvoir la dater précisément, ni en expliquer les raisons véritables. On peut sans doute supposer que les Égyptiens qui n'avaient pas élaboré de dogmes immuables avaient finalement envisagé cette solution qui permettait de concilier de manière satisfaisante et sans aucun artifice le monde solaire et celui de l'au-delà où Osiris tenait une place prépondérante. Sans artifice, en effet, puisque les Égyptiens ont de tout temps considéré que le soleil disparaissant le soir à l'occident effectuait un voyage nocturne pour resurgir au matin.

Certes, nous bricolons, et ainsi essayons d'assembler les facettes d'une personnalité divine, de suivre les séquences du déroulement de son culte, de ses fêtes à partir d'informations tirées des inscriptions de temples et des textes des papyrus, des éléments mobiliers qui les mentionnent, statues, tables d'offrandes, en fonction de la dispersion des mentions à travers tout le pays, de l'éventuelle prégnance d'un dieu spécifique dans un lieu déterminé, à un moment précis ou sur la longue durée. Cependant, remonter aux sources premières nous révèle un fait qui me paraît bien plus important. Avant nous qui ne faisons qu'essayer de les comprendre, les Égyptiens pratiquaient avec ardeur le bricolage avec leurs dieux, c'est-à-dire l'élaboration et l'organisation d'un système symbolique susceptible de fonctionner et de faire sens, comme l'exemple d'Osiris en est déjà l'indice, sans demeurer figé dans des principes établis une fois pour toutes. Et c'est là également un point auquel il faut être particulièrement attentif. Trop longtemps les historiens de la religion égyptienne l'ont considérée de manière synchronique comme un bloc monolithique et immuable, qui n'aurait pas connu, ou si peu, de changements et d'évolutions pendant trois millénaires d'histoire. Or, si l'on considère les documents au cours de cette longue durée, on constate bien sûr des modifications substantielles dans les rites, dans les lieux de culte, dans les fêtes. On s'aperçoit que surgissent de nouvelles relations entre les hommes et leurs dieux, de nouvelles façons de les prier, de nouvelles réflexions sur le destin des hommes.

Ce bricolage, les Égyptiens l'ont exercé avec beaucoup de talent, utilisant tous les éléments à leur disposition, accumulés au cours des siècles, et y ajoutant de nouvelles variations, comme on l'entend au sens musical, plutôt que des variantes. Il ne s'agit en aucun cas d'une pensée désordonnée qui procéderait par approximations, ou au contraire par assimilations. C'est pourquoi le terme de syncrétisme si souvent employé pour parler des dieux égyptiens est à proscrire. En effet, lorsque les Égyptiens accolent deux noms de dieux, ce qui est fréquent, il ne s'agit pas de créer une nouvelle divinité, même si cette entité double est traitée comme un singulier. Rê-Horus-de-l'horizon, Rê-Horakhty en égyptien, associe le caractère solaire du dieu Rê à celui céleste d'Horus faucon, sans devenir pour autant un hybride des deux. Sobek est un dieu crocodile vénéré dans différentes cités d'Égypte, et en particulier dans le Fayoum, un peu au sud du Caire. Sa ville majeure sera nommée Crocodilopolis par les Grecs. Mais il est bien connu sous la forme de Sobek-Rê, enrichissant le caractère vindicatif du dieu crocodile par les qualités bénéfiques de Rê. Et je pourrai multiplier les exemples. Ce rapprochement entre deux divinités est une opération toujours réversible, chacune conservant ses propres caractéristiques.

Le bricolage est sans doute le propre de la pensée religieuse, et mythologique en particulier, qui permet des ajustements illimités ou des lectures illimitées, particulièrement dans un système polythéiste, dont la richesse se fait par accumulation des approches. Ce n'est du reste pas le propre d'une religion antique mais de toutes les religions, même quand elles proclament des dogmes qui sont posés comme investis d'une autorité divine, et immuables, révélés aux hommes par le truchement d'un messie ou d'un prophète que traverse la voix de Dieu. Mais ce n'est pas le propos ici, et ce n'était pas le cas des Égyptiens dont les dieux ne se révélaient pas.

Comment donc ont-ils procédé avec leurs dieux, les rites dont ils sont les bénéficiaires, les mythes dont ils sont les protagonistes ? Établissons d'abord un point. Malgré les diversités locales, c'est bien d'une religion égyptienne susceptible d'être reconnue comme telle dans tous les temples à travers tout le pays, que l'on parle et non de religions au pluriel, comme on a parfois intitulé la chaire que j'ai occupée. Pour un Égyptien, ou plus précisément un prêtre égyptien, qu'il fréquente le temple d'Amon de Karnak ou de Tanis ou celui de Khnoum à Éléphantine, d'Horus à Edfou, ou tel autre encore, il y retrouvait les mêmes rites quotidiens, avec des variantes locales, en particulier dans le cadre des fêtes. Les hymnes que l'on y récitait étaient bâtis sur le même modèle : hymne d'éveil du dieu au matin, hymnes d'adoration et de louange qui déclinent épithètes et épiclèses du dieu, lamentations pour la mort d'Osiris. Certaines fêtes pourraient être qualifiées de nationales, si l'on ose cet anachronisme, et étaient célébrées à la même date dans tout le pays, comme l'indiquent les calendriers antiques. Ainsi les longues festivités de Sokar-Osiris au mois de Khoiak à la fin de la saison de l'inondation, qui après le deuil du dieu saluaient sa renaissance.

Les Égyptiens, même s'ils n'ont pas, à notre connaissance, laissé de traité sur le polythéisme, étaient parfaitement conscients de la pluralité des formes et des noms d'un dieu, des combinaisons multiples qu'ils développaient entre une divinité et une autre. Il apparaît que ce fut un choix délibéré et un refus de réduire la multiplicité des dieux à un être unique. Je n'évoquerai ici que pour mémoire le bref épisode de la « révolution amarnienne » durant laquelle le pharaon Akhenaton promut comme dieu suprême l'astre solaire sous le nom d'Aton. Cela a fait et fait toujours l'objet de spéculations et de discussions sans limite, car d'aucuns y virent le premier monothéisme de l'histoire, ce qui est assez éloigné de la réalité historique. Pour certains égyptologues, cette multiplicité n'était que le rideau des illusions, les oripeaux des apparences, sous lesquels les Égyptiens auraient envisagé une forme de dieu unique et suprême.

En quelque sorte, ils auraient connu le monothéisme sans vouloir le proclamer et s'y tenir. C'est bien là une vision ethnocentrique, qui s'appuie implicitement sur l'idée de la supériorité du monothéisme sur les polythéismes anciens et traditionnels et qui essaie de faire entrer la religion égyptienne dans un cadre conforme à l'analyse ou à la conviction non avouée de leurs auteurs, mais cela ne peut être le fait d'un historien des religions.

Tout au contraire, les Égyptiens dont la pensée est plus abstraite qu'on ne le dit souvent, ont été confrontés à la question de l'un et du multiple et l'ont traitée à leur manière. Les cosmogonies qui sont, elles aussi, multiples dans la littérature religieuse depuis l'Ancien Empire, souvent sous forme d'allusions et non de récits narratifs suivis, évoquent l'unicité qui régnait avant que le cosmos ne fût créé. Ce n'était pas le néant, mais un état pré-cosmogonique, appelé le *Noun*, obscur et sans limite, qui contenait en lui, à l'état de latence, toutes les virtualités de l'être et en particulier de celui qui serait le démiurge cosmogène, autogène également. Nulle explication n'est donnée sur ce qui a déclenché le passage de la latence et de l'inertie à l'activité créatrice, si ce n'est la volonté divine, ce qui est sans doute suffisant ; du reste, les explications actuelles, les plus sophistiquées, des origines de notre monde, malgré leur degré d'élaboration, achoppent sur une aporie lorsqu'il s'agit d'expliquer pourquoi l'univers a été, à un moment donné, en expansion, pourquoi on est passé d'un état à un autre.

Presque toujours ce démiurge est seul et unique et les textes disent explicitement que la vie n'est créée et n'existe – la mort aussi du reste – qu'à partir de l'existence d'autres dieux issus de ce primordial selon différents modes, sexuels, physiologiques et cognitifs. Seule cette fracture de l'unité permet le surgissement de la vie sous forme d'êtres divins, humains, animaux, dans leur multiplicité infinie. Ainsi est bricolée l'origine du monde, la mise en branle d'un créateur qui doit créer à partir de son propre être, de son essence et de sa substance mêmes, la diversité pour assurer sa pérennité par le truchement du monde vivant.

Sur la nature des dieux, point de traité non plus, mais par le biais de leurs images, des séries d'épithètes et d'épiclèses qui les cernent, les Égyptiens encore une fois transcrivent à leur façon la manière dont ils les concevaient, et dont il est vain, bien sûr, de rechercher l'origine. Lorsque leurs premières images ou leurs noms apparaissent sur les plus anciens documents, pour certains à l'époque protodynastique, ils existent sans doute depuis longtemps, sans que l'on connaisse évidemment les choix et les raisons qui ont présidé à leur invention et conception.

Les images tiennent un rôle essentiel, en deux ou trois dimensions, bas-reliefs ou statues, dans le domaine religieux. Les Égyptiens ont conçu les images des dieux, soit anthropomorphes, soit animales, soit mixtes. Là aussi, un bel exemple de bricolage que tous connaissent, et qui souvent fascine les esprits occidentaux. Mais, il ne s'agissait pas de créer des êtres monstrueux, des chimères. L'association classique d'une tête animale sur un corps humain est la plus fréquente, mais l'inverse existe aussi ; ainsi Thot, homme à tête d'ibis, et Renenoutet déesse des greniers et de la fécondité, tête de femme sur corps de serpent. C'est une manière purement symbolique de signifier que tel dieu participe de l'humain et de l'animal en même temps, le système taxonomique du vivant n'étant pas régi par des barrières infranchissables entre les catégories. Mais les textes, ceux des hymnes en particulier, nous révèlent comment les Égyptiens, indépendamment des images divines qu'ils donnaient à voir et qui étaient le support du culte, concevaient l'essence véritable des dieux. Les hommes ont inventé des images de leurs dieux, mais déclarent que leur forme réelle est inconnaissable, de même que leur nom véritable, qui n'est donc pas celui par lequel ils ont l'habitude de les désigner. C'est d'ailleurs dans leur nom indicible que réside toute la puissance des dieux qui refusent même de se le communiquer entre eux, comme le relate une *historiola* mettant en scène Isis aux pouvoirs magiques et Rê.

Il a paru indispensable depuis les temps immémoriaux de figurer chacun des dieux révérés, mais en affirmant parallèlement que leur forme véritable demeure inconnue des hommes. Les Égyptiens ont donc opté pour cette double approche : dans les temples, c'est devant l'image d'un dieu que l'on accomplit scrupuleusement les rituels recopiés par des hiérogrammates, tout en admettant que l'on n'est pas en mesure, avec les moyens limités de l'esprit humain, de connaître l'essence véritable de ces puissances supra-humaines et supra-naturelles. Mais entre ces deux mondes, le proche et le lointain, celui des dieux sur terre dans leur demeure qu'est le temple et celui de leur réalité inaccessible, existent des passerelles. Car les statues ne sont pas simplement de pierre ou de bois ; elles ne sont pas seulement ces idoles que brisaient les premiers chrétiens. Elles peuvent accueillir le dieu qui s'y incarne lorsque les rites nécessaires – ainsi celui de « l'ouverture de la bouche », qui consiste à animer magiquement la statue – sont accomplis sur elles. Cette union a d'ailleurs été représentée sous la forme d'un oiseau à tête humaine, figurant le principe vivant immatériel, *ba* en égyptien, venant se poser sur une statue divine pour l'animer.

Je voudrais juste évoquer en passant un texte complexe, malheureusement lacunaire, que nous avons eu l'occasion de lire pendant les séminaires hebdomadaires, clin d'œil à mes étudiants. C'est une cosmogonie rédigée en écriture démotique à la fin de l'époque ptolémaïque, connue sous le nom de cosmogonie démotique memphite. Y est évoqué le moment de l'apparition des dieux primordiaux et on ajoute : « ils cessaient (ces dieux) d'avoir la figure qu'ils avaient prise... Ceci est la façon par laquelle les nombreux noms des dieux sont venus à l'existence, ainsi que les aspects qu'ils ont adoptés »[4]. Ainsi, l'auteur inconnu de cette composition tardive analysait clairement la labilité des formes et des noms des dieux et en donnait une explication mythologique.

L'accomplissement des rites requis par les dieux relève lui aussi d'un système élaboré par les Égyptiens pour assurer le bon fonctionnement du monde. Celui-ci était toujours prêt à sombrer dans le désordre. La crainte qu'expriment nombre de textes est que le soleil ne retrouve pas « sa place d'hier », comme on disait alors, puisque son parcours nocturne aux yeux des Égyptiens qui n'en connaissaient pas l'explication physique, était rempli de dangers. Un autre moment d'intranquillité et même d'angoisse était celui du passage d'une année à l'autre, le renouvellement de ce cycle étant menacé par la redoutable Sekhmet à tête léonine, porteuse de fléaux en tout genre. Dans tous les cas, il fallait donc satisfaire et apaiser les dieux ; ce qui se faisait par le truchement des offrandes rituelles de types très variés, aliments de toutes sortes, étoffes et bijoux, parfums, objets symboliques du dieu, par des rites prophylactiques contre les ennemis des dieux toujours à l'affût. Il s'agit d'un système d'échange parfaitement clair dans les scènes de temples. Le roi, toujours lui – dans la réalité les prêtres qui sont ses délégués – fait face à une divinité à laquelle il offre ce qui est le plus approprié pour elle. Il reçoit en retour, de la part du dieu, et pour tous les hommes, des bienfaits et dons divers qui lui permettent d'assurer la vie et l'ordre sur terre, comme les dieux le font dans le cosmos. Cet échange souvent qualifié de *do ut des*, est en fait bien plus que cela, plus qu'un don et contre-don. Les dieux eux-mêmes ont besoin que les rites soient accomplis pour leur apaisement et, à cet égard, sont tributaires des hommes. Ces derniers à leur tour sont dépendants du bon vouloir des dieux envers lesquels ils remplissent leurs devoirs. Les uns comme les autres peuvent exercer des menaces violentes à l'égard de la partie adverse, lorsqu'ils craignent que les obligations bilatérales ne soient pas honorées, que le fonctionnement du monde soit perturbé. C'est donc un système d'étroite interdépendance qui avait été créé et auquel on ne pouvait déroger sans risque, pensait-on. En quelque sorte, les hommes organisés en société avec à leur tête le pharaon, humain et divin à la fois, s'en remettaient selon un système solidement codifié à des puissances supra-humaines et supra-naturelles, dans la mesure où ils estimaient ne pas pouvoir maîtriser le monde qui les entourait, ni l'expliquer de manière satisfaisante par leurs seuls moyens intellectuels, mais seulement après avoir accompli tout ce qui était de leur ressort.

De tous ces ajustements que j'ai cités et qui ne sont qu'un échantillonnage que l'on pourrait développer plus amplement, mais ce n'est pas le propos ici, se dégagent quelques aspects fondamentaux de l'organisation de la religion

4. W. Erichsen, S. Schott, *Fragmente memphitischer Theologie in demotischer Schrift* (Pap. demot. Berlin 13603), AWL 7, 1954, p. 229-394 ; trad. J. Fr. Quack dans une communication personnelle.

égyptienne caractérisée par la multiplicité des dieux, de leurs formes, de leurs noms – on célèbre un dieu dans tous ses noms et dans tous ses lieux – selon la formule fréquemment reprise dans l'hymnologie, mais aussi des mythèmes qui mettent en scène une même divinité dans des histoires qui n'ont pas nécessairement un lien entre elles, ce qui pour nous n'en facilite pas la compréhension. Ce foisonnement n'est pas dû à l'incohérence et l'inconsistance de la pensée égyptienne, mais bien au contraire au choix délibéré de ne rien abandonner en route, de ne rien oublier, car ce n'est que par le biais de cette pluralité que les Égyptiens ont pensé et espéré être susceptibles d'approcher incomplètement, mais au mieux, le monde des dieux qui leur échappait et dont ils étaient tributaires. Ainsi ils n'ont cessé d'adapter, d'ajuster, de bricoler pour bâtir des systèmes divins qui se superposaient les uns aux autres, toujours avec un léger décalage pour que chacun garde sa spécificité. Et ce, parce qu'ils n'ont jamais considéré qu'un seul dieu était plus vrai que les autres qui seraient de faux dieux.

Il reste bien d'autres aspects de la religion égyptienne, la piété personnelle, les rites et croyances funéraires, que je n'ai pas abordés dans ces lignes qui retranscrivent les propos d'une après-midi de mai 2015, mais le but n'est pas ici de dresser un tableau qui se voudrait exhaustif de toutes les facettes de cette religion.

Est venu notre tour de bricoler au mieux avec ce qui a subsisté, avec l'intense plaisir de voir parfois se dessiner l'image dans le tapis. Et de ce travail que nous menons, naît aussi, je crois, la possibilité d'analyser et d'appréhender avec plus de rigueur et avec le recul nécessaire, la pluralité des modes de penser dans le monde présent. Je voudrais citer à cet égard, pour finir, l'ouvrage lumineux de Maurizio Bettini, *Éloge du polythéisme*[5] qui, s'il tire ses exemples essentiellement de la religion romaine, n'en demeure pas moins une source de réflexion pour tout historien des religions.

5. M. Bettini, *Éloge du polythéisme. Ce que peuvent nous apprendre les religions antiques*, trad. fr. V. Pirenne-Delforge, Paris, 2016.

UN OSTRACON COPTE DE KELLIS, « GRAINE DE PERSIL »

Hommage à Marcel Mauss

Jean-Daniel Dubois
EPHE – PSL
CNRS LEM (UMR 8584) « Gnose et manichéisme »

Une fois n'est pas coutume : comment rendre compte de la direction d'études « Gnose et manichéisme » en quelques paragraphes ? Pour cela, j'aimerais illustrer son objet à partir d'un bouchon d'amphore découvert en Égypte il y a quelques années. Mais surtout, je tiens à exprimer ma reconnaissance à ceux qui ont rendu possible mon parcours dans une institution originale et pleine de richesses fécondes. Cette chaire d'enseignement et de recherche a vu se succéder des figures marquantes depuis la création de la Section des Sciences religieuses de l'École Pratique des Hautes Études en 1886. En près d'un siècle, cinq savants ont occupé cette chaire. On peut les passer en revue brièvement pour découvrir les objets de recherche de cette direction d'études.

Les cinq prédécesseurs

En 1886, Auguste Sabatier (1839-1901) inaugura la direction d'études qui s'intitulait alors « Littérature chrétienne ». Comprise dans un sens large, elle visait à étudier les textes du christianisme ancien, du Nouveau Testament à la littérature chrétienne des premiers siècles de notre ère. Auguste Sabatier étudia la théologie protestante à Montauban, Tübingen et Heidelberg. Pasteur en 1864, il est nommé à la Faculté de Théologie Protestante de Strasbourg en 1868 à la chaire de dogmatique réformée, mais en sera exclu en 1873 en raison de sa francophilie dans une Alsace occupée depuis 1870. Son collègue, Frédéric Lichtenberger (1832-1899), professeur de morale dans la même Faculté depuis 1864, émigre avec lui à Paris et y crée « L'École libre des sciences religieuses », en 1873. Peu de temps après, Auguste Sabatier obtient de Gambetta la création, au sein de l'Université de Paris, de la Faculté de Théologie Protestante en 1877. Il est nommé directeur d'études adjoint de la

10.1484/M.BEHE-EB.5.117286

Section des Sciences religieuses de l'EPHE à sa création en 1886 et le demeura jusqu'à sa mort en 1901, puisqu'il occupait toujours son poste à la Faculté de Théologie Protestante, au boulevard Arago, dont il devint le Doyen en 1895. Fervent partisan du protestantisme libéral, Auguste Sabatier est connu pour son « symbolo-fidéisme », un courant du protestantisme plaçant la raison critique et le sentiment religieux au-dessus des institutions et des croyances. Parmi les ouvrages en lien avec sa direction d'études, on remarque *L'Évangile de Pierre et les évangiles canoniques,* Paris, 1893 ; *Esquisse d'une philosophie de la religion d'après la psychologie et l'histoire*, Paris, 1897 ; *Évolution historique de la doctrine du salut,* Paris, 1903. Dans le cadre de sa direction d'études, il est accompagné, à partir de l'année 1894, par un maître de conférences, professeur également à la Faculté du boulevard Arago, Eugène de Faye, futur spécialiste des gnostiques et de Clément d'Alexandrie.

Jean Réville (1854-1908), un autre pasteur de l'Église réformée[1], enseignant à la Faculté du boulevard Arago, succède à Auguste Sabatier comme directeur d'études adjoint à l'EPHE en 1901. La direction d'études change alors légèrement de titre, devient « Littérature chrétienne et Histoire de l'Église », car Jean Réville était déjà maître de conférences en « Histoire de l'Église » dès la création de la Section des Sciences religieuses. Après des études de théologie protestante à Genève, Berlin, Heidelberg et Paris, il soutient sa thèse de doctorat en 1885 au boulevard Arago sur « La Religion à Rome sous les Sévères, Étude du syncrétisme dans l'Empire romain ». Il s'investit dès 1880 dans la *Revue de l'histoire des religions* qu'il va diriger longtemps (1884-1908) et dans l'organisation du premier congrès mondial des historiens des religions à Paris, qu'il préside en 1900. Parmi ses publications, on notera un livre sur *Les origines de l'épiscopat*, Paris, 1894 et un autre sur *Le quatrième évangile. Son origine. Sa valeur historique,* Paris, 1900-1901. En 1902, il devient directeur d'études, tout en restant professeur adjoint à la Faculté de Théologie du Boulevard Arago. En 1907 il succède à son père à la chaire d'« Histoire des religions » au Collège de France, et publie l'année de sa mort *Les origines de l'eucharistie*, Paris, 1908.

Eugène de Faye (1860-1929) devient directeur d'études adjoint en 1907 et succède à Jean Réville à la direction d'études « Littérature chrétienne et Histoire de l'Église » (1908-1929). Auparavant, il s'était fait connaître par ses recherches sur *Clément d'Alexandrie : étude des rapports du christianisme et de la philosophie grecque au IIe siècle*, Paris, 1898, et plus tard il passera de Clément à Origène avec un triple volume sur la pensée de ce dernier (1923-1925). C'est E. de Faye qui introduisit à l'EPHE l'étude critique des gnostiques en langues grecque et copte, d'où son *Introduction à l'étude*

1. Cf. P. Cabanel, « L'institutionnalisation des "sciences religieuses" en France (1879-1908). Une entreprise protestante ? », *Bulletin de la Société d'Histoire du Protestantisme Français* 140 (1994), p. 33-80.

du gnosticisme au IIe et au IIIe siècles, Paris, 1903, puis son volume célèbre devenu un manuel pendant plusieurs dizaines d'années : *Gnostiques et gnosticisme. Étude critique des documents du gnosticisme chrétien,* Paris, 1913[2] (2e édition augmentée, 1925). La thèse majeure de cet ouvrage repose sur une approche des gnostiques qui ne s'appuie pas d'abord sur la pensée de leurs adversaires. E. de Faye regrette que l'étude des gnostiques se contente trop souvent d'en rendre compte à partir du seul regard des hérésiologues, comme Irénée, Tertullien, l'*Elenchos* du Pseudo-Hippolyte, Épiphane, Théodoret. E. de Faye recommande d'abord l'étude des documents originaux (La *Lettre à Flora* de Ptolémée, conservée par Épiphane, les *Extraits* de Théodote collationnés par Clément d'Alexandrie, les *Fragments* d'Héracléon rapportés par Origène). En conséquence il plaide pour une étude de critique littéraire des documents anciens en vue de reconstituer l'histoire des mouvements gnostiques. Et même si E. de Faye ne pouvait pas connaître les documents gnostiques coptes découverts en Égypte à Nag Hammadi en 1945 seulement, il ne manque pas de consacrer de nombreuses pages aux textes coptes de Londres (la *Pistis Sophia*) et d'Oxford (le Codex Bruce). Cette recherche constitue un point de non-retour dans l'étude des gnostiques anciens. Malheureusement il faut attendre jusqu'à la fin du XXe siècle pour que cette approche se généralise dans les milieux des spécialistes de la gnose, et aujourd'hui encore, certains historiens du christianisme ancien n'ont pas intégré la perspective d'E. de Faye.

Quand Henri-Charles Puech (1902-1986) succède à E. de Faye en 1929, il ne savait pas qu'il allait rester quarante-deux ans à l'EPHE, comme directeur d'études jusqu'en 1952, puis comme directeur d'études cumulant jusqu'en 1971, après sa nomination au Collège de France à la chaire d'Histoire des religions (de 1952 à 1971). En 1929, H.-C. Puech occupe la direction d'études « Littérature chrétienne et Histoire de l'Église », mais en 1943, il fait transformer l'intitulé en « Histoire de l'ancienne Église et patristique ». Prolongeant l'approche historique des gnostiques, H.-C. Puech s'intéresse très tôt aux rapports entre les gnostiques et la philosophie des IIe et IIIe siècles, en soulignant l'importance de Numénius[3] et de Plotin[4]. Il est aussi entré dans la discussion des nouvelles sources coptes de la religion manichéenne (1929-1930). Il publie ainsi une biographie de Mani qui reste encore d'actualité, *Le manichéisme.*

2. On trouvera un compte rendu détaillé de cet ouvrage par P. Monceaux dans le *Journal des Savants* (1918), p. 12-26.

3. H.-C. Puech, « Numénius d'Apamée et les théologies orientales au second siècle », *En quête de la Gnose*, t. I, *La Gnose et le temps*, Bibliothèque des Sciences humaines, Paris, 1978, p. 25-54 (reprise d'un article des *Mélanges J. Bidez*, Bruxelles 1934, p. 745-778).

4. H.-C. Puech, « Position spirituelle et signification de Plotin », *En quête de la Gnose,* t. I, Paris, 1978, p. 55-82 (reprise du *Bulletin de l'Association G. Budé* 61 [1938], p. 3-36), et « Plotin et les gnostiques », *En quête de la Gnose*, t. I, Paris 1978, p. 83-116 (reprise d'un article dans *Les Sources de Plotin,* Vandœuvres-Genève 1960, p. 159-190).

Son fondateur, sa doctrine, Paris, 1949. Plus tard il s'investit pour commenter les nouveaux documents gnostiques coptes de Nag Hammadi découverts en 1945. C'est ainsi qu'en 1953, il participe au travail d'édition de la fameuse collection de cent quatorze paroles attribuées à Jésus, l'*Évangile selon Thomas*[5] qui va révolutionner l'exégèse des évangiles canoniques. De 1956 à 1981, il contribue à l'édition critique collective des papyri coptes du Codex I de Nag Hammadi (l'*Évangile de Vérité,* 1956 et 1981 ; le traité *Sur la résurrection*, 1963 : l'*Épître apocryphe de Jacques,* 1968 ; le *Traité Tripartite* et la *Prière de Paul,* 1973-1975). Il édite aussi trois volumes collectifs sur l'*Histoire des religions* dans la Bibliothèque de la Pléiade (1970-1976). Un de ses auditeurs fidèles, Louis Evrard, a rassemblé en trois volumes une série de ses articles et de ses comptes rendus dans les *Annuaires* de l'EPHE et du Collège de France[6].

Michel Tardieu (1938-) est entré au CNRS en 1973 et succède à H.-C. Puech à la direction d'études de l'EPHE (1976-1991) dont l'intitulé devient « Gnose et manichéisme », avant d'occuper la chaire du Collège de France « Histoire des syncrétismes de la fin de l'Antiquité » (1991-2008). Il commente les textes gnostiques coptes de Nag Hammadi[7], les ouvrages manichéens conservés en copte et les traces des manichéens chez les érudits arabes[8]. Mais son intérêt pour la dimension philosophique des traités gnostiques le pousse à rééditer et à augmenter l'ouvrage classique de Hans Lewy sur les *Oracles chaldaïques*[9]. En 1990, il publie un livre qui deviendra un best-seller, *Les paysages reliques, Routes et haltes syriennes d'Isidore à Simplicius*, Louvain – Paris, 1990. Il y décrit les traces des philosophes païens dans la région de Harrān, après leur éviction de la ville d'Athènes. Puis en 1996, il découvre la source du traité gnostique copte *Zostrien* en le comparant à un passage de l'*Adversus Arium* de Marius Victorinus[10]. Que ce soit dans les comptes rendus des *Annuaires* de la Section des Sciences religieuses ou dans ceux du Collège de France, on le voit traiter aussi bien des doctrines gnostiques que de l'histoire des manichéens sur les Routes de la Soie.

---

5. *L'Évangile selon Thomas,* Texte copte établi et traduit par A. Guillaumont, H.-C. Puech, G. Quispel, W. Till et †Yassah ʿabd al masīḥ, Paris 1959.
6. H.-C. Puech, *En quête de la Gnose,* Paris 1978, 2 vol. ; *Sur le manichéisme et autres essais,* Paris 1979.
7. M. Tardieu, *Trois mythes gnostiques,* Paris 1974 ; *Écrits gnostiques, Le Codex de Berlin* (Sources gnostiques et manichéennes, 1), Paris 1984.
8. M. Tardieu, *Le manichéisme* (Que sais-je ? 1940), Paris 1981 (1997²).
9. H. Lewy, *Chaldean Oracles and Theurgy*, Troisième édition par M. Tardieu, avec un supplément « Les Oracles chaldaïques 1891-2011 » (coll. des Études augustiniennes, Série Antiquité, 77), Paris 1978 (2011³).
10. *Recherches sur la formation de l'*Apocalypse de Zostrien *et les sources de Marius Victorinus* (Res orientales, 9), Gif-sur-Yvette 1996.

La direction d'études (1991-2015)

Quand j'ai été nommé en octobre 1991 à la direction d'études « Gnose et manichéisme », c'est tout naturellement que j'ai gardé son intitulé. Pour donner aujourd'hui une image de cette direction d'études, j'ai choisi un ostracon copte du site antique de Kellis, dans l'oasis égyptienne de Dakhlah ainsi qu'un clin d'œil à la leçon inaugurale de Marcel Mauss à la Section des Sciences religieuses en 1902. Le titre de ma contribution ne cherche pas à paraître hermétique, bien que je me sois occupé de courants ésotériques de l'Antiquité chrétienne, tant gnostiques que manichéens. Un ostracon désigne un de ces tessons d'amphores qui servent souvent de support à l'écriture, pour des besoins administratifs (preuves d'achat, paiement de taxes ou simples lettres). En l'occurrence, le terme ostracon est quelque peu impropre puisqu'il s'agit en fait d'un bouchon d'amphore. L'ostracon Kellis Copt. n° 2 comporte deux termes, *ebra mit,* que les éditeurs de la fouille manichéenne de Kellis ont traduits avec un point d'interrogation « graine de persil (?) »[11]. Ce bouchon d'amphore a été trouvé dans la maison n° 3, parmi les restes d'un établissement de trois maisons occupées par des manichéens qui se sont réfugiés en plein désert, au cours du IVe siècle, à quelque deux cents kilomètres à l'ouest du Nil ; ces manichéens voulaient vraisemblablement échapper à la persécution de l'Empire romain contre les adeptes de cette religion en 302, à la veille de la Grande persécution de Dioclétien contre le christianisme en 303.

Étudier la religion manichéenne à partir d'un bouchon d'amphore peut paraître insolite. Mais en l'occurrence, un bouchon d'amphore peut révéler au chercheur un pan de la vie quotidienne que les textes doctrinaux ne signalent pas toujours. L'étude historique et critique de la religion manichéenne remonte au XVIIIe siècle avec la monographie d'Isaac de Beausobre, un pasteur du Refuge établi à l'Église française de Berlin. Il publia en 1734 à Amsterdam un livre érudit « Histoire critique de Manichée et du manichéisme »[12]. De Beausobre visait à sortir d'une approche des manichéens héritée des manuels médiévaux d'hérésiologie contre les Bogomiles, les Vaudois, les Albigeois… et plus récemment les protestants, qualifiés de néo-manichéens dans les controverses entre protestants et catholiques. Il tenta d'approcher la réalité historique des manichéens par-delà les œillères des pourfendeurs d'hérésies depuis saint Augustin, lui-même un ancien « auditeur » manichéen pendant neuf ans (entre 372 et 382), jusqu'aux controverses de la Contre-Réforme. Depuis deux siècles maintenant, les découvertes de documents manichéens n'ont pas cessé. Les expéditions archéologiques allemandes sur les routes

11. *Coptic Documentary Texts from Kellis,* vol. I, éd. I. Gardner, A. Alcock, W.-P. Funk (Dakhleh Oasis Project Monograph, 9), Oxford 1999, p. 281.
12. Un deuxième volume a été publié de manière posthume par J. H. S. Formey en 1739 (repr. Leipzig 1970 ; Amsterdam 1988).

d'Asie centrale, à la fin du XIXe siècle et au début du XXe, ont apporté dans les musées de Berlin un lot de fragments de manuscrits parthes, moyen-perses, sogdiens et ouigours, encore aujourd'hui en cours d'édition. Pour le monde de l'Égypte, il faut mentionner les découvertes de quelques milliers de pages de papyrus à Medinet Mâdi dans le Fayoum en 1929-1930, dont nous n'avons pas encore de traduction française complète. Puis, vers les années 1969-1970, c'est au tour d'un codex miniature sur la vie de Mani, le *Codex manichéen de Cologne,* de révéler les origines judéo-chrétiennes baptistes du prophète fondateur du manichéisme. Quand je suis arrivé à l'EPHE, on venait tout juste d'entendre parler d'une nouvelle découverte archéologique de manichéens qui ont habité quelques maisons du site antique de Kellis, dans l'oasis de Dakhlah. Je me suis occupé, depuis lors, à exploiter les premières publications issues de cette fouille qui donnaient accès à la vie quotidienne de quelques familles de manichéens du IVe siècle puisque les maisons manichéennes retrouvées ont livré plusieurs centaines de lettres privées conservées en copte. Celles-ci permettaient d'utiles comparaisons avec les documents hymniques, théologiques et catéchétiques connus jusqu'alors. L'existence à Kellis d'un bouchon d'amphore qui avait contenu des graines de persil a suscité un heureux questionnement sur l'identification de la plante mentionnée – s'agissait-il vraiment du persil que nous connaissons chez nous, ou d'une autre variété de la plante ? – mais surtout ce bouchon d'amphore nous invitait à nous interroger sur les vertus culinaires et thérapeutiques de cette plante, dans le cadre d'une religion de végétariens, connue dans l'Antiquité pour ses pratiques médicales, paramédicales et son souci de « soigner les âmes », notamment par le chant de psaumes et de prières.

Le choix de me référer aussi à Marcel Mauss, un enseignant célèbre de la Section des Sciences religieuses, ne vient pas de ses premiers cours sur les « Formes élémentaires de la Prière », mais de sa leçon inaugurale à la Section, le 27 janvier 1902, pour la direction d'études que l'on appelait alors « Histoire des religions des peuples non-civilisés ». Cette leçon a été publiée la même année dans la *Revue de l'histoire des religions*[13]. Malgré sa date et le caractère désuet de certains de ses propos, j'ai une fois eu recours à cette leçon lors de l'introduction d'une journée doctorale que j'avais animée, il y a plus d'une dizaine d'années, sous la direction de Claude Langlois, alors Président de la Section. Marcel Mauss commence, comme le voulait la coutume, par l'éloge de son maître et prédécesseur, M. Marillier. Puis viennent trois questions : « Quel sera le sujet de nos cours ? Comment observerons-nous les faits que nous recueillerons ? Comment les expliquerons-nous ? »[14]. Les réponses que Marcel Mauss offrait à ce triple questionnement m'ont paru pleines de

13. M. Mauss, « L'enseignement de l'histoire des religions des peuples non-civilisés à l'École des Hautes Études », *Revue de l'histoire des religions* 45 (1902), p. 36-55.
14. *Ibid.*, p. 43.

bon sens pour nombre de directions d'études de la Section des Sciences religieuses. Elles constituent un horizon de recherches, au-delà des gnostiques et des manichéens de l'Antiquité.

La première question de Marcel Mauss

À la première question, « Quel sera le sujet de nos cours ? », Marcel Mauss commence par interroger le titre de sa direction d'études pour conclure : « Il n'y a pas de peuples non civilisés »[15], avant d'énumérer les régions géographiques du globe terrestre où il annonce les secteurs bien étudiés et ceux qu'il compte prendre en charge. Pour lui, il s'agissait de considérer « de petits groupes sociaux, peu denses, à habitats restreints même quand ils sont nomades, à langages, à techniques peu perfectionnés, à systèmes juridique, familial, religieux, économique, suffisamment élémentaires »[16]. Cette recherche s'inscrivait dans un vaste courant de travaux historiques et anthropologiques qui tendaient à remonter aux origines et aux formes élémentaires des comportements sociaux.

Si l'on projette ces propos sur l'ensemble des mouvements et courants gnostiques de l'Antiquité, on peut renvoyer sans difficulté à un grand nombre de « petits groupes sociaux » mentionnés dans les traités de réfutation des hérésies chrétiennes anciennes, dont, en fait, on ne sait pas grand-chose. Plusieurs de ces groupes correspondent à des « formes élémentaires » de la réflexion théologique chrétienne ancienne, bien avant la période de fixation de la doctrine chrétienne, lors des conciles des IVe et Ve siècles. À la différence de Marcel Mauss dont l'horizon géographique couvrait quatre continents, hors l'Europe, la direction d'études « Gnose et manichéisme » porte essentiellement sur les pourtours du Bassin méditerranéen, même si les recherches récentes sur le manichéisme ont élargi la perspective du côté de l'Orient et de l'Extrême Orient, en passant par les Routes de la Soie. En ce qui concerne les courants gnostiques des premiers siècles chrétiens, on peut recenser plusieurs dizaines de tendances dont il reste quelques traces littéraires mais aucune trace archéologique exploitable. Si l'on passe de Justin et d'Irénée de Lyon au manuel de l'évêque de Chypre, Épiphane, vers 375-377, avec sa « boîte à remèdes », le *Panarion*, on peut dénombrer jusqu'à quatre-vingts groupes qu'Épiphane qualifie d'hérésies. Ce simple détail, quatre-vingts hérésies, laisse soupçonner une construction littéraire et théologique de la part de l'évêque Épiphane, car il renvoie aux concubines du roi Salomon. Autant dire que de telles compilations des Pères de l'Église contre les hérésies rapportent des informations dont il faut toujours évaluer la pertinence historique de manière critique, car

15. *Ibid.*
16. *Ibid.*, p. 44.

certaines des étiquettes attribuées à tel un tel groupe s'avèrent être parfois de simples inventions des hérésiologues. Qui oserait croire, par exemple, que les « gens du bourbier », les *Borboroi,* ont véritablement existé en tant que secte ? La proximité de ce terme avec le terme *Barbaroi,* les « barbares », suggère une création hérésiologique sur la base d'un sobriquet ou d'une insulte. Le terme même de « gnostiques », ceux qui ont accès à des connaissances capables de procurer le salut, est une étiquette des Pères de l'Église pour désigner ceux qui valorisaient la connaissance au sein même des communautés chrétiennes[17]. Il faut attendre le troisième siècle pour que le terme renvoie à des groupes exclus des communautés chrétiennes, et donc à des courants ou groupuscules sectaires qui gravitaient dans les salons philosophiques de familles chrétiennes aisées. Le terme de « gnostiques » ne correspond pas à une auto-désignation des gnostiques. Dans un ouvrage, célèbre aux États-Unis depuis vingt ans, Michael A. Williams propose d'abandonner le terme « gnosticisme » qu'il appelle « une catégorie douteuse » pour rendre compte des phénomènes liés à l'histoire des mouvements gnostiques[18]. Même si son jugement est pertinent, il est quand même possible de travailler sur les bribes qui nous restent des gnostiques anciens, à condition de les soumettre à une sévère critique, historique et littéraire, comme l'ont proposé mes prédécesseurs, Eugène de Faye[19], et plus proches de nous, Michel Tardieu, mon prédécesseur immédiat, ainsi qu'Alain Le Boulluec, lui aussi spécialiste de Clément d'Alexandrie. Si je devais partir un jour sur une île déserte, j'emporterais le livre d'Alain Le Boulluec en deux volumes, car c'est celui qui m'a le plus marqué du temps de mon passage à l'EPHE : *La notion d'hérésie dans la littérature grecque, IIe-IIIe siècles*[20]. C'est grâce à ces pages pleines de talent que j'ai appris à identifier les traits des hérésiologues de l'Antiquité. Et cette préoccupation m'a accompagné tout au long de mes années d'enseignement[21].

17. Cf. la préface de l'ouvrage d'Irénée, *Contre les hérésies,* Livre I, éd. A. Rousseau – L. Doutreleau (SC 264), Paris 1979, p. 18 et s..

18. M. A. Williams, *Rethinking 'Gnosticism': An Argument for Dismantling a Dubious Category,* Princeton 1996.

19. E. de Faye, *Gnostiques et gnosticisme, Étude critique des documents du gnosticisme chrétien aux IIe et IIIe siècles,* Paris 1913 (1925²).

20. A. Le Boulluec, *La notion d'hérésie dans la littérature grecque, IIe-IIIe siècles,* Paris 1985, 2 vol.

21. Cf. par exemple J.-D. Dubois, « Peut-on faire une lecture non hérésiologique des gnostiques anciens ? », Colloque *Les constructions de l'hérésie,* Université de Genève, 8-9 juin, 2012 (à paraître) ; « Le docétisme des christologies gnostiques revisité », *New Testament Studies* 63 (2017), p. 279-304 ; « The Basilidians », *Shadowy Characters and Fragmentary Evidence,* éd. J. Verheyden, T. Nicklas, E. Hernitschek (Wissenschaftliche Untersuchungen zum N.T., 388), Tübingen 2017, p. 141-157.

La deuxième question de Marcel Mauss

Par une deuxième question, Marcel Mauss visait à définir sa démarche : « Comment observerons-nous les faits que nous recueillerons ? ». Il répond avec quelques formules bien frappées en précisant la rigueur de toute enquête ethnographique et ses difficultés. L'analyse des faits est au cœur de chaque procédure :

> Il est évident qu'avant tout nous devons les enregistrer et les critiquer. C'est ici [...] que nous nous heurtons à des préjugés enracinés, invinciblement, non seulement dans le grand public, mais même dans les milieux scientifiques les plus informés. Les faits ethnographiques sont environnés d'un certain discrédit [...]. Nous sommes infiniment mieux informés [...] du rituel des fêtes agraires des Hopis que du sacrifice lévitique, à plus forte raison du rituel sacrificiel des Grecs[22].

Je laisse le soin à mes collègues d'apprécier si ce jugement est encore valable aujourd'hui, après les travaux des anthropologues de la Section sur les sacrifices dans l'Antiquité. Je retire des propos de Marcel Mauss une sainte horreur des généralités :

> Il est regrettable d'entendre parler des "Chinois en général", mais il est encore plus regrettable d'entendre parler des Peaux Rouges, des Australiens, de la "religion mélanésienne". C'est parler de choses inexistantes[23].

Appliqués aux recherches sur les gnostiques anciens, ces propos interrogent un présupposé courant sur les courants gnostiques de l'Antiquité. On croit souvent à la pérennité de la gnose. Elle remonterait à l'Iran ancien, pour se développer dans le Bassin méditerranéen et se prolongerait dans divers courants du christianisme comme les priscillianistes, les pauliciens, les bogomiles, les cathares ou même les tendances plus contemporaines de l'ésotérisme, comme la théosophie de Rudolf Steiner. On peut s'évertuer à comparer ces phénomènes qui comportent parfois des traits communs. Mais il est impossible de montrer et démontrer un continuum historique de la gnose antique à nos jours.

La direction d'études « Gnose et manichéisme » traite des manifestations historiques des courants et mouvements que les premières communautés chrétiennes ont qualifiés de gnostiques, principalement entre les IIe et IVe siècles de notre ère. Cette direction d'études est unique dans le panorama des institutions universitaires en France, en Europe et même dans les pays anglo-saxons. Elle s'appuie notamment sur la grande découverte de textes coptes de Nag Hammadi, en 1945, soit une douzaine de codex comportant

---

22. M. Mauss, « L'enseignement de l'histoire des religions... », p. 48.
23. *Ibid.*, p. 50.

des textes philosophiques, religieux et gnostiques, conservés en copte sur la base de traductions d'originaux grecs des IIe et IIIe siècles[24]. Si les recherches gnostiques ont souvent été prônées par les historiens des religions depuis deux siècles, avec l'idée de remonter aux véritables sources de la gnose historique, les découvertes de Nag Hammadi ont provoqué un séisme parmi les chercheurs. Au XIXe siècle, on se focalisait sur les origines soit hellénistiques soit orientales des courants gnostiques. On était friand de grandes synthèses hégéliennes sur la gnose comprise comme un syncrétisme religieux, un mélange de paganisme, de judaïsme et de christianisme, une forme supérieure de christianisme pour les élites. Mais avec les découvertes des manuscrits de Nag Hammadi, on ne peut plus parler de la « gnose en général », si je reprends les termes de Marcel Mauss. Les quelque mille cent cinquante-six planches de papyrus inscrites conservées, soit un volume de près de deux mille pages de traductions françaises annotées dans la collection de la Pléiade, chez Gallimard[25], empêchent toute tentative de réduction à une forme unique de gnose. La diversité des milieux et des courants attestés par cette collection réclame des compétences multiples et complémentaires ; celle-ci offre un panorama exceptionnel de textes et de doctrines provenant des gnostiques eux-mêmes. Elle invite à réinterroger les témoignages des Pères de l'Église sur les doctrines et les pratiques rituelles des gnostiques anciens ainsi qu'à prendre en compte des courants que l'on ne peut pas toujours rattacher à des phénomènes attestés dans l'Antiquité.

Dans cette collection de textes de Nag Hammadi, on trouve des traités de la gnose chrétienne issue de Valentin, un maître qui a enseigné à Alexandrie dans les années 130, avant de se rendre à Rome pour diffuser sa doctrine depuis la capitale de l'Empire. C'est ainsi que les textes du Codex I de Nag Hammadi sont à rattacher à la mouvance valentinienne, en plus des traces que les Pères de l'Église ont conservées des disciples de Valentin comme Ptolémée et sa *Lettre à Flora,* Héracléon et son commentaire suivi du quatrième évangile réfuté par Origène, les *Extraits de Théodote* rassemblés par Clément d'Alexandrie, et une présentation de la doctrine de Marc le Mage, selon le témoignage d'Irénée. Dans les *codices* II, V et XI, on trouve encore des épîtres, apocalypses, évangiles et traités valentiniens. En tout, une somme considérable de pages nouvelles : le témoignage direct des valentiniens, eux que les Pères ont considérés comme hérétiques. Je me suis intéressé très tôt à traduire et commenter le *Traité Tripartite* du Codex I. Cela m'a donné

24. *Les manuscrits de Nag Hammadi,* Dossiers d'archéologie, 236, Dijon 1998 ; J.-D. Dubois, « La redécouverte des gnostiques antiques », *Histoire de la littérature grecque chrétienne des origines à 451,* éd. B. Pouderon – E. Norelli, t. II, *De Paul de Tarse à Irénée de Lyon,* Paris 2016, p. 665-702.

25. *Écrits gnostiques,* éd. J.-P. Mahé – P.-H. Poirier, Paris 2007.

l'occasion de dialoguer pendant vingt ans avec les rares spécialistes des textes valentiniens, pour essayer de rendre aux valentiniens, dans le flot des discours théologiques des premiers siècles, leur fraîcheur et leur saveur.

Dans cette collection de textes coptes, on repère aussi des documents de la sagesse égyptienne remontant à Hermès, des pages connues de l'*Asclépios* et de la *Prière d'actions de grâce* ainsi que d'autres inconnues jusqu'alors comme le *Traité sur l'Ogdoade et l'Ennéade*. On découvre des textes chrétiens apocryphes comme les *Actes de Pierre et des Douze Apôtres*, le *Dialogue du Sauveur*, la très célèbre collection des cent quatorze paroles attribuées à Jésus dans l'*Évangile de Thomas*. Les traités philosophiques ne manquent pas, avec *Zostrien* du Codex VIII, ou *Marsanès* du Codex X et *Allogène* du Codex XI. On retrouve même un fragment en copte de la *République* de Platon (IX, 588b-589b) et une collection des *Sentences* du philosophe stoïcien Sextus. Malgré les nombreux travaux, articles et monographies, sur ces divers traités, soixante-dix ans après la découverte de Nag Hammadi, on ne sait toujours pas à quoi rattacher certains textes comme la *Paraphrase de Sem* du Codex VII, ou *Le Tonnerre* et *L'Enseignement d'autorité*, tous les deux du Codex VI. Un siècle après Marcel Mauss, ses propos n'ont pas perdu de leur actualité : « Les documents sûrs sont masse, les témoins véridiques sont foule. Les faits authentiques foisonnent ; ils ne manquent pas à la science ; ce sont les savants qui manquent à les observer »[26]. En ayant dirigé pendant quelques années le cycle du Diplôme d'Études Approfondies de la Section, « Sciences des religions », sous l'œil amical de Claude Langlois, puis quelques années aussi l'École doctorale « Sciences des religions et systèmes de pensée », j'ai pu partager le souci de bon nombre de doctorants, bien formés mais sans emploi. On peut parfois hésiter à encourager tel ou tel étudiant à suivre une voie de recherche qui mène trop rarement à une carrière professionnelle.

La troisième question de Marcel Mauss

À sa troisième question, « Comment tendrons-nous à expliquer les faits ? », Marcel Mauss répond avec simplicité :

> C'est à des phénomènes sociaux objectivement constatés que nous relierons les phénomènes religieux objectivement constatés. Nous obtiendrons ainsi des systèmes cohérents des faits, que nous pourrons exprimer en hypothèses, provisoires certes, mais en tout cas rationnelles et objectives[27].

26. M. Mauss, « L'enseignement de l'histoire des religions… », p. 49.
27. *Ibid.*, p. 53.

Un peu plus loin, il résume ainsi toute sa démarche :

> En somme, rester cantonnés sur le terrain des faits religieux et sociaux, ne rechercher que les causes immédiatement déterminantes, renoncer à des théories générales qui sont peu instructives ou qui n'expliquent que la possibilité des faits, ce sont là plutôt des actes de prudence méthodique que des négations scientifiques[28].

Ces options fortes ne sont pas toujours entendues de nos collègues les mieux informés des affaires de la gnose ou du manichéisme.

Et le manichéisme ?

La direction d'études « Gnose et manichéisme » articule deux champs de recherche sans les confondre. Avant les découvertes des manuscrits coptes de Nag Hammadi, il était courant de considérer le manichéisme comme une forme de gnose. Il est vrai que, depuis la période d'Eusèbe de Césarée, avec son *Histoire ecclésiastique* au début du IVe siècle, le manichéisme a été perçu dans le Bassin méditerranéen comme une forme d'hérésie du christianisme, analogue aux courants gnostiques[29]. Le fait est tellement flagrant que le qualificatif de « manichéen » est utilisé au long du Moyen Âge pour désigner toutes sortes d'hérésies et persiste jusqu'à aujourd'hui dans le langage courant. Passé le VIe ou le VIIe siècle, le terme renvoie à des réalités diverses qui n'ont plus rien à voir avec le manichéisme historique, combattu en Occident par les conciles du IVe siècle, et surtout par saint Augustin. En Orient, la situation est différente, le manichéisme est persécuté en Iran, mais persiste sur les routes d'Asie centrale jusqu'en Chine. Il est vrai que l'on peut repérer des thématiques gnostiques dans la doctrine des manichéens, mais confondre les gnostiques et les manichéens ne peut se faire qu'au mépris des réalités sociales que représentent ces deux sortes de phénomènes religieux. Le manichéisme s'est très vite développé comme une religion prophétique, vers les années 240 de notre ère, en Iran, avant d'essaimer en Occident et en Orient. En quelques années, et grâce à certaines techniques missionnaires, Mani a réussi à installer une institution ecclésiastique appelée « L'Espoir », en Iran puis dans le Bassin méditerranéen. Les manichéens sont arrivés en Égypte dans le sillage des armées de la reine Zénobie de Palmyre, vers 266. On ne peut pas trouver d'organisation ecclésiastique analogue chez les gnostiques des IIe et IIIe siècles. Les gnostiques ne représentent que des groupuscules, des mouvements, des tendances, à l'exception peut-être des valentiniens qui existent encore comme une secte à la fin du IVe siècle Il importe donc d'étudier les gnostiques et les manichéens

28. *Ibid.*, p. 55.

29. Cf. J.-D. Dubois, « Le manichéisme vu par l'*Histoire ecclésiastique* d'Eusèbe de Césarée », *Études théologiques et religieuses* 68 (1993), p. 333-339.

pour en montrer les points communs mais surtout les différences. Les découvertes du XXe siècle ont apporté, tant pour les manichéens que les gnostiques, un lot très important de papyri coptes du IVe siècle qui ne sont pas tous édités encore aujourd'hui, et pas même traduits en français pour les documents manichéens. Et la fouille archéologique des maisons manichéennes à Kellis dans l'oasis de Dakhlah n'a pas fini de révéler tous ses secrets.

La gnose séthienne

Alors que j'ai passé à l'EPHE de nombreuses années à traiter de l'histoire des gnostiques valentiniens, je me suis toujours étonné de la passion avec laquelle mes collègues gnosticisants abordaient la forme de gnose dite séthienne. Son nom vient du troisième fils d'Adam, Seth, censé engendrer une nouvelle génération d'êtres humains destinés au salut. L'hypothèse d'une forme séthienne de la gnose antique remonte à un savant berlinois, Hans-Martin Schenke, un coptisant hors pair et spécialiste bultmanien des écrits du Nouveau Testament. En lançant, en 1971, l'idée d'une parenté entre des textes gnostiques de Nag Hammadi qui ne relevaient pas de la gnose valentinienne, H.-M. Schenke accrédita l'hypothèse d'une forme de gnose pré-chrétienne[30]. Il reprenait certaines intuitions de Jean Doresse dans un livre qui présentait la découverte des textes de Nag Hammadi et qui fit sensation à l'époque, *Les livres secrets des gnostiques d'Égypte*[31]. En consacrant à la gnose séthienne la moitié d'un colloque international à Yale en 1978[32], Bentley Layton encouragea les recherches sur les séthiens dont notre collègue et ami John D. Turner est devenu le fidèle défenseur, avec son ouvrage *Sethian Gnosticism and the Platonic Tradition*[33]. Les travaux sur cette forme de gnose ne manquent pas. Ce qui manque, c'est la rigueur. Ces recherches, pour reprendre les termes de Marcel Mauss, ne « restent pas cantonnées sur le terrain des faits religieux et sociaux [...] objectivement constatés ». En effet, la constitution d'un corpus de textes dits séthiens repose sur un ensemble de thèses difficiles à démontrer. Puisque cette forme de gnose est considérée comme pré-chrétienne, les éléments chrétiens de ces textes sont interprétés comme des ajouts secondaires. Que peut-on savoir historiquement de la gnose antique rattachée à la figure de Seth ? Et dans quelle mesure l'intuition de Schenke reste-t-elle un modèle

---

30. L'article n'a été publié qu'en 1974 : H.-M. SCHENKE, « Das sethianische System nach Nag-Hammadi-Handschriften », dans *Studia Coptica*, éd. P. NAGEL (Berliner Byzantinistische Arbeiten, 45), Berlin 1974, p. 165-173.
31. J. DORESSE, *Les livres secrets des gnostiques d'Égypte*, Paris 1958, p. 281-352.
32. Cf. en particulier H.-M. SCHENKE, « The Phenomenon and Significance of Gnostic Sethianism », dans *The Rediscovery of Gnosticism*, éd. B. LAYTON (Studies in the History of Religions, 41), Leiden 1981, t. 2, p. 588-616.
33. J. D. TURNER, *Sethian Gnosticism and the Platonic Tradition* (Bibliothèque copte de Nag Hammadi, Études, 6), Québec 2001.

heuristique pour traiter de la gnose non valentinienne attestée aujourd'hui par les textes coptes de Nag Hammadi ? La question reste encore ouverte. Mais l'avantage des travaux publiés sur la gnose séthienne a remis au goût du jour les recherches sur les relations des gnostiques avec les écoles philosophiques de l'Antiquité.

Les gnostiques et les philosophies de l'Antiquité

Dans mon parcours, je n'ai pas été vraiment formé à traiter des textes philosophiques de l'Antiquité. Je tiens ainsi à exprimer toute ma reconnaissance à ceux de mes collègues qui m'ont donné l'occasion de continuer ma formation en me tournant progressivement vers l'étude de textes gnostiques non valentiniens C'est Michel Tardieu, d'abord à l'EPHE, puis au Collège de France, qui m'a ouvert la voie de la recherche sur la contribution des gnostiques à l'histoire de la philosophie antique. Ses conférences sur l'*Apocryphe de Jean* publiées en 1984[34], sa contribution sur les gnostiques dans le chapitre seize de la *Vie de Plotin*[35], et surtout la découverte qu'il a faite d'une source commune au philosophe chrétien Marius Victorinus et à l'apocalypse gnostique de *Zostrien*[36], ont réorienté mon regard sur les sources philosophiques des gnostiques. C'est aussi en lançant avec Philippe Hoffmann, alors directeur du LEM (Laboratoire d'étude sur les monothéismes, CNRS, UMR 8584 à Villejuif), un séminaire sur « Plotin et les gnostiques » que je me suis familiarisé avec les préoccupations des spécialistes de la philosophie autour de Plotin. Cela a permis des discussions fructueuses avec des doctorants, au-delà des travaux de Pierre Hadot et de la thèse de Luciana Soares Santoprete sur le *Traité* 32 de Plotin. Il en ressort un courant de recherches, avec publications et colloques, qui montrent que les questionnements des gnostiques sont présents dans toute l'œuvre de Plotin, au-delà du célèbre *Traité* 33, *Contre les gnostiques*. La situation de la recherche est telle que l'étude des questionnements gnostiques dans l'œuvre de Plotin peut encore surprendre les spécialistes de la philosophie antique. De manière analogue, la découverte des sources manichéennes d'Augustin peut étonner les spécialistes augustiniens, dès que l'étude dépasse la période de jeunesse d'Augustin, alors catéchumène chez les manichéens.

---

34. M. Tardieu, *Écrits gnostiques, Codex de Berlin* (Sources gnostiques et manichéennes, 1), Paris 1984.
35. M. Tardieu, « Les gnostiques dans la *Vie de Plotin*, Analyse du chapitre 16 », dans *Porphyre, La Vie de Plotin*, éd. L. Brisson *et al.*, (Histoire des doctrines de l'Antiquité classique, 16), Paris 1992, p. 503-563.
36. M. Tardieu, *Recherches sur la formation de l'* Apocalypse de Zostrien *et les sources de Marius Victorinus* (Res Orientales, 9), Gif-s-Yvette 1996.

Les études coptes

La découverte des textes de Nag Hammadi et des *codices* manichéens m'a porté vers les études coptes. C'est ainsi que j'ai pu rejoindre dès 1974 l'équipe de traducteurs et de commentateurs des textes de Nag Hammadi à l'Université Laval au Québec, qui a produit en 2007 le volume de la Pléiade, *Écrits gnostiques*, sous la direction de Jean-Pierre Mahé et Paul-Hubert Poirier. J'avais commencé à apprendre le copte en 1971 sous la direction du papyrologue John W. Barns à l'Oriental Institute d'Oxford. Puis c'est avec l'égyptologue Gérard Roquet, que j'ai pu m'initier à la complexité et à la finesse de cette langue, d'abord à l'École des Langues et Civilisations Orientales Anciennes de l'Institut catholique de Paris, puis à la Section des Sciences historiques et philologiques de l'EPHE. J'ai suivi ses cours pendant plus de vingt-cinq ans pour apprendre à fonder le commentaire d'un texte sur une analyse philologique rigoureuse. « Rester sur le terrain des faits religieux et sociaux », disait Marcel Mauss, lui qui comparait, toujours dans sa leçon inaugurale, la méthode ethnographique à celle d'un linguiste :

> De même que le linguiste doit retrouver sous les transcriptions fausses d'un alphabet les véritables phonèmes qui étaient prononcés, de même sous les renseignements les meilleurs des indigènes, Océaniens ou Américains, l'ethnographe doit retrouver les faits profonds[37].

Combien de fois, G. Roquet s'est exercé à diffuser ses recherches sur la phonétique de la langue des pyramides ! Nous avions nos séminaires, en Sorbonne, de part et d'autre, du couloir de l'Escalier « E » qui menait à l'EPHE. Je suivais ses conférences, et tant que G. Roquet vivait à Paris, il venait suivre les miennes. Nous avons ainsi partagé de nombreuses questions de langue, de philosophie et de religion, au point que nos auditoires respectifs ont aussi traversé le couloir entre la Section des sciences historiques et celle des Sciences religieuses.

Les études gnostiques et manichéennes n'ont pas cessé de vivre au rythme des découvertes. Quand je m'initiais au manichéisme, on découvrait le *Codex manichéen de Cologne* et la biographie de Mani. Quand je suis arrivé à la Section, la fouille de Kellis commençait à diffuser quelques textes, avant un rythme de publications plus régulier, jusqu'à maintenant. Or, les textes manichéens d'origine iranienne, en parthe, moyen-perse et sogdien, se sont aussi accumulés sur les tables des chercheurs grâce à la publication continue des volumes de la *Turfan Sammlung* à Berlin, et du *Corpus Fontium Manichaeorum*, chez Brepols. J'ai ainsi pu profiter des enseignements de Pierre Lecoq, à la Section des Sciences historiques et philologiques, pour l'étude du moyen-perse. Si pour les textes coptes de Nag Hammadi, on est

---

37. M. Mauss, « L'enseignement de l'histoire des religions… », p. 52.

encore en train d'élaborer la grammaire du dialecte de la région de Lycopole, pour les textes manichéens en parthe, moyen-perse et sogdien, on dispose enfin de dictionnaires depuis une bonne dizaine d'années seulement. Quant aux découvertes gnostiques récentes, on ne manquera pas de signaler la publication, sur internet d'abord en 2006, puis avec une *editio princeps* en 2007, d'un nouveau codex contenant le fameux *Évangile de Judas*, objet de controverses entre l'Europe et l'Amérique pour savoir si cet apocryphe présente la figure de Judas sous les traits du pire disciple de Jésus pour l'avoir trahi ou, si au contraire, la figure de Judas y acquiert une valeur positive – comme je le pense – pour avoir révélé la nature véritable du Sauveur. Quelle que soit la solution adoptée, cet évangile est un nouveau texte gnostique copte qui illustre des positions théologiques connues dans l'Antiquité au temps d'Irénée de Lyon. Je ne parlerai pas de la publication encore plus controversée d'un fragment de papyrus sur « la femme de Jésus », depuis l'annonce de sa découverte à Rome en 2012 par Karen King, professeur à Harvard. Il s'agit malheureusement d'un faux fabriqué dans les couloirs du séminaire d'égyptologie à Berlin, il y a quelques dizaines d'années. Malgré la littérature scientifique qu'il a suscitée depuis six ans, ce fragment ne nous apprend rien sur la vie de Jésus. En revanche, le grand public ne connaît pas encore la découverte depuis 2013 du sceau de Mani au Cabinet des médailles de la Bibliothèque Nationale de France. Ce sceau dont l'antiquité n'a pas été mise en doute était connu depuis plusieurs dizaines d'années dans une collection de sceaux de l'Empire iranien sassanide, grâce à P. J. de Menasce et A. Guillou[38]. Cette pièce unique en cristal de grande qualité servait à identifier le prophète de la religion manichéenne, « Mani, apôtre de Jésus-Christ », lorsqu'il était à la cour de l'empereur Shabuhr vers le milieu du IIIe siècle ; le revers de ce sceau double-face servait aussi à sceller les lettres du fondateur de cette religion, dont on a même retrouvé dans la fouille de Kellis des extraits fragmentaires de traductions en copte. La présence à Paris de ce sceau a suscité les recherches de la meilleure spécialiste de l'iconographie manichéenne, Zsuzsanna Gulásci, qui a pu montrer en 2013 qu'il s'agissait bien du sceau de Mani[39]. Combien de temps faudra-t-il attendre pour que le grand public découvre cette relique de la religion manichéenne à Paris, au Cabinet des Médailles de la Bibliothèque Nationale de France ?

38. P. J. de Menasce – A. Guillou, « Un cachet manichéen à la Bibliothèque nationale », *Revue de l'histoire des religions* 131 (1946), p. 81-84.

39. Z. Gulásci, « The Crystal Seal of 'Mani, the Apostle of Jesus Christ' in the Bibliothèque Nationale de France », *Manichaean Texts in Syriac,* éd. N. A. Pedersen – J. Møller Larsen (Corpus Fontium Manichaeorum, Series syriaca, 1), Turnhout 2013, p. 245-267.

Les littératures apocryphes chrétiennes

C'est enfin Pierre Geoltrain, à une autre direction d'études de la Section, « Origines du christianisme », qui m'a entraîné dans le champ des littératures apocryphes, vingt ans avant que je n'arrive à l'EPHE. Je tiens à évoquer avec reconnaissance sa mémoire, ainsi que celle de Jean-Claude Picard, chercheur CNRS, avec qui Francis Schmidt, Alain Desreumaux et moi-même nous avons partagé de nombreux projets éditoriaux. En 1971, nous avons lancé le projet d'une collection de publications apocryphes avec des collègues de Suisse romande, François Bovon et Jean-Marc Prieur, alors à Genève, Jean-Daniel Kaestli et Eric Junod à Lausanne. Il nous a fallu dix ans pour négocier un contrat avec une maison d'édition qui acceptât en 1981 de s'engager dans la publication de nouvelles éditions critiques de textes apocryphes, accompagnées de leurs commentaires. Les Éditions Brepols ont été notre partenaire, depuis 1981, tant pour la *Series apocryphorum* du *Corpus christianorum* que pour la collection de poche, sans compter les *Instrumenta,* les deux volumes de la Pléiade *Écrits gnostiques* chez Gallimard-Brepols, et la revue internationale d'études sur les littératures apocryphes, *Apocrypha,* que j'ai dirigée pendant quinze ans.

Il n'y a qu'à l'EPHE que de tels projets peuvent naître et prospérer, je tiens à le souligner. Notre ancien collègue et ami, Pierre Legendre, considère l'EPHE comme une forme du mécénat de la République. La plupart de nos collègues universitaires étrangers envient notre situation d'enseignants-chercheurs. C'est encore à l'EPHE que le projet d'édition critique des *Actes de Pilate* a pu être poursuivi. Il fut lancé en 1983, au temps où j'enseignais à Paris l'histoire du christianisme ancien à l'Institut Protestant de Théologie. Cette entreprise collective comprend maintenant une équipe de huit personnes, incluant des collègues de Lausanne, Paris, Strasbourg et Winnipeg au Canada ; elle prépare un premier volume d'édition de manuscrits grecs, coptes, syriaques et géorgiens. Ce travail d'érudition présente sur une même page les textes grecs, leurs variantes dans tous les manuscrits connus ainsi que les variantes des manuscrits orientaux ; il offrira bientôt l'édition critique d'un texte antique qui a servi aux scénarios des théâtres de la Passion du Christ sur les parvis des cathédrales au Moyen Âge. Comment ne pas rendre hommage à la patience des divers collaborateurs de cette équipe rassemblée depuis si longtemps autour d'un texte qui a laissé des traces littéraires, au moins depuis le IVe siècle de notre ère et peut-être même depuis le second siècle selon les recherches de Gérard Roquet.

Parmi les aventures originales de ma recherche, je souhaite mentionner l'existence d'un projet soutenu par l'Agence Nationale pour la Recherche de 2008 à 2011, et par l'EPHE depuis lors : le projet CENOB, *Corpus des énoncés de noms barbares.* Il a rassemblé trois équipes à Paris, Bruxelles et Padoue pour établir une banque de données de mots barbares que l'on trouve dans les formulaires magiques de l'Antiquité. Ce projet multilingue touchant aux mondes grec, latin, copte, démotique, et syriaque, n'aurait pas été possible sans l'inspiration efficace de Michel Tardieu. C'est grâce à lui et à sa confiance, manifestée de longue date, que j'ai pu découvrir les richesses de l'institution EPHE et de tant de collègues, avec qui je souhaite continuer à collaborer, pour les *Actes de Pilate,* pour la traduction annotée du *Contra Faustum* de saint Augustin, pour les travaux sur les sources de l'islam shiite. J'ai souvent travaillé sur des textes coptes lacunaires. Certains étudiants m'ont taquiné en disant que j'aimais faire cours sur des conjectures. J'ai parfois recherché quelques graines de persil et essayé d'en rendre compte dans le milieu manichéen de l'oasis de Kellis. J'ai aussi semé quelques graines dans l'esprit de jeunes chercheurs et chercheuses qui m'ont accompagné et stimulé par leurs questions tout au long de ces années passées à l'EPHE. C'est à eux que j'exprime aussi toute ma reconnaissance, car il leur revient maintenant de tracer d'autres sillons dans le champ de la gnose et du manichéisme.

MESURER L'INCOMMENSURABLE : LE BUDDHA EST-IL UN DIEU ?

Cristina Scherrer-Schaub
EPHE – PSL, « Histoire du bouddhisme indien tardif (IIe-XIIe siècles) »

Chaque religion est ainsi tendue entre le besoin d'une présence divine directement accessible aux hommes ici-bas et la nécessité de soustraire le divin à toutes les limitations d'un monde auquel il doit demeurer étranger.

Jean-Pierre Vernant[1]

Les travaux du *Séminaire d'études bouddhiques* de l'EPHE nous ont permis de suivre sur des temps très longs une série de textes, documents séculiers et monuments provenant de régions bien précises et portant sur une période définie de l'histoire du bouddhisme indien et de sa transmission en dehors du sol natal. Les modes et modalités à travers lesquels les matériaux ont été approchés nous ont appris que l'étude rigoureuse des données en présence fournit à l'historien du bouddhisme des outils techniques d'une remarquable importance. En somme, se priver de l'étude « prismatique » illustrée par la variété des sources, reviendrait à manquer la diversité du questionnement qu'une telle étude suscite.

Le bouddhisme et les autres religions indiennes ont entretenu tout au long de leur histoire commune des relations complexes aussi diverses que peuvent l'être l'entente cordiale et le déni réciproque. Elles ont également partagé un système politique, administratif et éducatif, une vision du monde, et même un ensemble de mythes déclinés à l'intérieur d'un système spécifique venu se constituer au cours du temps. Ainsi, il revient à l'historien d'analyser les points de rupture qui permirent au bouddhisme comme aux autres religions de se distancer les unes des autres. Il faut pour cela voir, à travers des phénomènes qui s'articulent autour d'une structure qui semble constamment

1. J.-P. Vernant, C. Malamoud, éd., *Corps des dieux*, Paris 2003 (1986[1]), p. 13.

10.1484/M.BEHE-EB.5.117287

se reproduire, la polymorphie des modèles révélée par la polysémie dont se servent si bien les poéticiens indiens.

I. En guise d'ouverture, un fait récent : reliques et politique

> *Dans la nuit du 21 au 22 février 2015, l'armée turque a effectué un raid en territoire syrien à trente kilomètres de la frontière, dans l'enclave présidée en plein désert par le drapeau au croissant rouge, raid accompli par les troupes d'élite qui ont prélevé la dépouille présumée d'un personnage aussi vénérable que légendaire qui vécut voilà huit siècles, Suleyman Shah, ancêtre du mythique Osman Gazi, le fondateur de l'empire ottoman. L'opération a été dénoncée par Damas comme un acte d'agression*[2].

Silvia Ronchey, auteur de l'article, remarque que cette nouvelle « translation » de la « présumée dépouille » de Souleyman a été analysée dans les moindres détails et sous tous les aspects intéressant l'avancée du califat sur l'échiquier politique actuel, sauf à noter qu'afin de lire dans toute son ampleur le sens du raid turc sur l'Euphrate, au sud-ouest de l'antique Édesse, il aurait fallu se tourner vers la tradition ancestrale de la politique des reliques. Deux éléments au moins sont à retenir que nous retrouverons par la suite dans des temps bien plus anciens et dans des lieux lointains. Le premier, le fait que le mausolée de Suleyman Shah était légitimement gardé par des soldats turcs, le second que selon le récit hagiographique, Suleyman fut enterré près du château de Qal'at Ja'bar (Raqqa), tout près du lieu de sa mort[3].

La vénération des reliques dans le bouddhisme et ses pratiques annexes ont été beaucoup étudiées à la fois à travers les dispositions relatives au corps du Buddha, transmises par la Règle des différents codes disciplinaires (*Vinaya*) qu'à travers les récits narratifs, l'étude des monuments ou les inscriptions. L'historiographie des travaux européens et américains sur le sujet a montré comment la problématique relative aux reliques du Buddha historique a eu l'effet d'un coup de vent sur un jeu de cartes qui, par une manière de

---

2. Traduit de S. Ronchey, « La guerra dei santi quando la politica si fa con le reliquie », *La Repubblica* (25 avril 2015), p. 50.
3. La forteresse de Qal'at Ja'bar fut ensevelie sous les eaux du lac Assad, et le tombeau fut transféré par deux fois. Comme le souligne D. Sourdel (*Encyclopédie de l'Islam. Nouvelle édition établie avec le concours des principaux orientalistes* par B. Lewis, Ch. Pellat, J. Schacht *et al.*, Leyde – Paris 1977, p. 364 s. v.), d'après les anciens historiens ottomans « Sulaymãn Shãh, l'ancêtre des ottomans, se noya non loin de là ; il fut enterré près du château de Dja 'bar où fut élevée une tombe connue sous le nom de *Mezãr-i Tūrk* ou *Tūrk Mezãrī*. La tombe fut reconstruite sur l'ordre de 'Abd al-Hamīd II et considérée comme propriété turque par l'article 9 du traité d'Ankara de 1921. Cette histoire est peut-être due à une confusion entre Sulaymãn Shãh, grand père putatif de 'Uthmãn Ier et le prince saldjuqide Sulaymãn b. Ḳutlumush (q.v.). La tombe elle-même n'a très probablement de rapport ni avec l'un ni avec l'autre ».

mimétisme fort courant à la vérité, tenait sur la conviction ferme d'un bouddhisme religion « idéale et rationnelle », faisant fi des pratiques dévotionnelles et rituelles, superstitions du *vulgum pecus.* Sauf à noter que ces bien-pensants avaient eu des prédécesseurs célèbres en Inde même, dans un milieu bien déterminé et à une période tout aussi définie où des sources bouddhiques qualifient bel et bien ces pratiques d'« usage des femmes et autres êtres peu instruits ». En passant, on notera que les femmes, d'après le témoignage de l'épigraphie des premiers siècles, prirent une large part dans les transactions avec l'institution religieuse et quelques-unes d'entre elles acquirent même le plus haut rang de la hiérarchie des savants lettrés bouddhistes — chose qui à notre époque n'est toujours pas vraiment d'actualité... Mais laissons cela pour revenir à notre sujet.

Nous trouvons le premier témoignage d'utilisation politique des reliques (*śarīra*) dans le riche corpus épigraphique de l'empereur Aśoka, dont le règne se situe à la moitié du troisième siècle av. J.-C. Si des sources et des auteurs ont voulu y trouver confirmation de la dévotion, sinon de la conversion du souverain Maurya au bouddhisme, les données peuvent également se lire à l'aune du registre symbolique du pouvoir, où reliques (*śarīra*) et reliquaire/monument commémoratif (*stūpa*) assument le rôle de témoin (au sens matériel du terme) de l'entente entre institution politique et religieuse. Et les discours attribués au Buddha par le canon des écritures nous disent comment le Buddha de son vivant même fit don à deux marchands de cheveux et ongles qui, en guise de reliques, furent ainsi transportés au nord-ouest de l'Inde, en Bactriane précisément, où les marchands « érigèrent, à quelque distance de la capitale, deux reliquaires qui passent pour être les deux premiers *stūpa* »[4].

Les reliques corporelles du Buddha, et les reliques représentées par les cheveux et les ongles, classées, par la casuistique ultérieure, parmi les reliques dites « des os » (*rus pa*) et celles dites « des fibres corporelles » (*sku bal*)[5], cette dernière catégorie proche de celle des reliques *uddesika* ou « commémoratives », transportaient/transmettaient ainsi une partie du pouvoir du Buddha, protecteur par excellence, qualité qu'il partage avec les rois et que l'on peut voir représentée sur les statues de Buddha faisant le geste d'absence de crainte (*abhayamudrā,* fig. 1).

---

4. Cf. P. Demiéville, *Les versions chinoises du Milindapañha* (BEFEO, t. XXIV), Paris 1924, p. 40-41 qui se réfère au récit du *Mahāvastu* ; É. Lamotte, *Histoire du bouddhisme indien des origines à l'*ère Śaka, Louvain-La-Neuve 1976 (1958[1]), p. 72 et n. 2 (réf. canoniques) ; A. Bareau, *Recherches* I, Paris 1963, p. 106-123.

5. Le texte qui donne l'une des premières classifications des reliques n'est conservé qu'en tibétain, cf. le résumé des conférences dans École Pratique des Hautes Études, Section des sciences religieuses, *Annuaire*, t. 104, 1995-1996, Paris 1995, p. 117-124. Sur la liste des reliques, voir du même auteur « Some dhāraṇī written on paper functioning as dharmakāya relics. A tentative approach of PT 350 », dans P. Kvaerne, éd., *Tibetan Studies. Proceedings of the 6th Seminar of the International Association for Tibetan Studies,* Fagernes 1992, vol. 2, Oslo 1994, p. 711-727, 718.

Fig. 1 : Le buddha faisant le geste de l'absence de crainte (*abhayamudrā*), Butkara I (B3215, © MNAR 1163, photo IsIAO), D. Faccenna 1962, Part 2, pl. CCLCCLXXXIX.

Le Buddha, une personne d'exception

Lorsque vers le début du quatrième siècle av. J.-C. (*ca.* 386) le Buddha quitta ce monde en entrant, comme disent les textes, dans l'extinction complète (*parinirvāṇa*, fig. 2), à l'issue des cérémonies funéraires solennelles auxquelles il eut droit en sa qualité de personne d'exception, — en l'occurrence sa dépouille reçut les honneurs réservés à un souverain temporel, ou souverain « à la roue » (*cakravartin*), — les restes corporels (*śarīra*) du Buddha furent alors distribués aux roitelets des régions avoisinantes, empressés de venir assister aux obsèques et qui, sous des motifs différents, en revendiquèrent le droit.

Le texte qui nous renseigne sur ces événements (*Mahāparinibbānasuttanta* / *Mahāparinirvāṇasūtra*), en tous les cas le noyau du récit narratif que nous évoquons ici, *pourrait* avoir été composé quelque trois générations après la mort du Buddha, soit autour de la fin du quatrième-début du troisième siècle av. J.-C. (*ca.* 320-290)[6]. Comme l'ont noté les nombreuses études consacrées

---

6. Cf. A. Bareau, *Recherches sur la biographie du Buddha dans les Sūtrapiṭaka et les Vinayapiṭaka anciens*, I-III, Paris 1963, 1970, 1971, 1995, III, 1995 (1979[1]), p. 51-52 ; O. von Hinüber,

au sujet, le *Mahāparinibbānasuttanta* décrit des faits précis dans le détail (à titre d'exemple, la préparation de la dépouille en vue de la crémation, les rites annexes, une onomastique et une géographie), faits que l'on aurait tort de reléguer dans le registre du narratif uniquement. D'autres éléments semblent faire écho aux récits de l'épopée encore que la datation jusqu'ici incertaine des sources ne permette pas vraiment de conclure.

Fig. 2 : Mort du Buddha et bûcher funéraire. Avec l'aimable autorisation du Musée de Peshawar, n° 697, Pakistan. Cf. Harald INGHOLT, *Gandhāran Art in Pakistan*, New York 1957, p. 94. n ° 142.

Préséance territoriale et revendications des pays voisins : la garde des reliques et les menaces de guerre

L'épisode de la distribution des reliques est précédé du récit des menaces de guerre pour s'emparer des reliques. Légendaire ou non, la recherche des causes historiques possibles de cet épisode n'est que rarement évoquée[7]. Après que les Malla de Kusinārā, chez qui le Buddha s'était éteint, eurent protégé les os du Buddha à l'aide d'un treillage/treillis de lances (*sattipañjara*) et d'un rempart d'arcs (*dhanupākāra*), ils rendirent hommage aux reliques pendant sept jours[8]. Aussitôt entendue la nouvelle du *parinirvāṇa*, les rois du voisinage dépêchèrent leur messager pour réclamer une part des reliques, en

« Cremated like a King. The funeral of the Buddha within the ancient cultural context », *Journal of the International College for Postgraduate Buddhist Studies* XIII (2009), p. 63-64 et notes.

7. G. SCHOPEN, « Burial ad Sanctos and the Physical Presence of the Buddha in Early Indian Buddhism. A Study in the Archaeology of Religions », *Bones, Stones, and Buddhist Monks. Collected papers on the Archaeology, Epigraphy, and Texts of Monastic Buddhism in India,* Honolulu 1997 (1987[1]), p. 133 : « Seven other groups representing distinct and apparently competing political entities also came, however, armed for war to claim a share of the relics ».
8. A. BAREAU, *Recherches* II.2, Paris 1971, p. 263 -264 : « Les hagiographes pālis prêtent aux Malla de Kusinārā des préoccupations de défense, qui font allusion au conflit prochain de la fameuse 'guerre des reliques', comme si les Malla avaient de bonnes raisons de redouter les exigences des autres clans ».

invoquant la légitimité de leurs droits[9]. Mais les Malla de Kusinārā n'obtempérèrent point et informèrent les messagers de la raison de leur refus :

> Bhagavat [à savoir le Buddha] est entré en extinction (*nirvāṇa*) sur le territoire de notre village. Il n'est pas question que nous leur donnions la moindre parcelle de ses reliques[10] !

Bareau souligne le fait que la version pālie

> [E]st le seul texte à ne faire aucune allusion à une levée de troupes armées par les visiteurs, [et] ne souffle mot d'une telle menace, prêtant ainsi aux seuls Malla de Kusinārā une attitude hostile. Il semble donc que la version primitive n'ait mentionné ni appel aux armes ni menaces de guerre, de quelque côté que ce soit et que le conflit y soit resté sur le plan de la dispute verbale.

D'autres versions du *Récit de l'extinction complète,* notamment la version sanskrite *(Mahāparinirvāṇasūtra),* expriment ouvertement ces menaces :

> Si ces reliques nous sont données, tout ira bien ; mais si vous ne nous les donnez pas, nous nous en emparerons à l'aide de notre armée[11] !

Il est intéressant de revenir aux représentations plastiques de la scène et de constater que la « guerre (annoncée) des reliques » (*futur contingent…*) que l'on peut voir sur le *torāṇa* de Sāñcī (fig. 3a) n'est apparemment pas présente au Gandhāra où les artistes mettent plutôt l'accent sur la distribution des reliques, le transport de celles-ci par les rois ou leurs messagers (fig. 3b). L'allusion à la « carte de répartition sociale du pouvoir » apparaît au Gandhāra sur le bas-relief figurant l'urne des cendres (?) portée à l'intérieur de la ville par un athlète (*malla*) qui la tient sur son épaule droite (fig. 3c). La porte de la ville par où entre l'athlète pourrait symboliser la prétendue préséance revendiquée par les Malla de Kusināra[12].

---

9. *Dīgha Nikāya*, XVI § 23, p. 164.20-23. La question est très intéressante et très peu évoquée, elle se joue sur le registre des droits et devoirs réciproques des castes supérieures, les guerriers (*kṣatriya*) et les brāhmaṇes, cf. DN II XVI § 24, p. 164.24-165.32. Le brāhmaṇe a sur le kṣatriya l'avantage de prérogatives « spirituelles », et le kṣatriya a sur ce dernier l'avantage de prérogatives « temporelles ». Les revendications territoriales quant à elles, sont aussi l'apanage des rois « étrangers » sur le territoire (*kṣatra*) de qui le Buddha séjourna et jouit de l'accueil, sinon des donations de ces rois.
10. DN II XVI § 25, p. 166.1-2 : *Bhagavā amhākaṃ gāmakkhette parinibbuto. Na mayaṃ dassāma Bhagavato sarīrānaṃ bhāgan' ti* ||
11. A. BAREAU, *Recherches*, 1971, 2/2, p. 282-283.
12. Cf. A. FOUCHER, *L'art gréco-bouddhique du Gandhāra,* I, Paris 1905, p. 585.

Fig. 3a : Les rois ou leurs messagers en armes venant réclamer aux Malla leur part de reliques. Sāñcī, portail (*torāṇa*) est. © Marshall & Foucher 1982, vol. I, p. 112-114, II : pl. 61.

Fig. 3b : Bûcher funéraire et partage des reliques. Provenance Sikri, Musée de Lahore, n° 2037, Pakistan. Registre inférieur d'un panneau de recouvrement faisant partie d'un large ensemble illustrant la vie du Buddha. © Harald INGHOLT, *Gandhāran Art in Pakistan*, New York 1957, p. 95-96, n° 145 et 147.

Fig. 3c : L'urne avec les reliques transportée à l'intérieur de la ville de Kusinārā (capitale du clan des Malla) par un athlète (*malla*) qui la tient sur son épaule droite, Musée de Lahore, n. 148, Pakistan. © Harald INGHOLT, *Gandhāran Art in Pakistan*, New York 1957, p. 97, n° 151.

Les luttes d'ingérence suscitées par la revendication des reliques et le partage de celles-ci, viennent dessiner ce que Brown[13] appelle, au sujet de la *depositio ad sanctos*, « la carte de répartition sociale du pouvoir » qui, dans le cas présent voit la rémission des Malla qui, sous l'arbitrage du brāhmaṇe, vont devoir « partager » leur pouvoir avec les rois des régions où le Buddha passa une partie de son existence, y exerça son ministère et reçut l'accueil voire le soutien matériel des roitelets en question. Ce fait illustre sinon préfigure la dynamique instaurée entre pouvoir politique et pouvoir religieux qui, sous des formes variées (parfois même tragiques) ne cessera d'être au centre des préoccupations de l'institution bouddhique. L'intervention du brāhmaṇe (voir ci-après), préposé à la distribution des reliques et appelant les parties à la cohérence, est exemplaire. En somme, Doṇa/Droṇa fait ici figure de « conseiller », sinon de rappel du « miroir » du prince.

Le conflit sera en effet résolu par l'intervention du brāhmaṇe Doṇa qui tance vertement les parties, rappelle les enseignements du Buddha et invite les rois et/ou leurs messagers à abandonner les armes et partager équitablement les reliques afin que celles-ci soient apportées au loin pour le bien de beaucoup : « Messieurs (*bhonto*), tous unis, en bonne entente, en bons termes, faisons huit parts » et « Que des tumulus funéraires (*thūpa*) soient dispersés dans divers pays, afin que beaucoup de gens deviennent clairvoyants (*cakkhumant*) et sereinement confiants » (*pasanna*)[14].

De même que l'appel au droit territorial, le rôle du brāhmaṇe-médiateur place le récit dans le système administratif, politique et social que nous rappelions au tout début et, notamment, renvoie au devoir du brāhmaṇe (autorité spirituelle) qui consiste en le rappel à l'ordre du *kṣatriya* (autorité temporelle), en cas d'irrespect des devoirs de sa caste[15].

Les interprétations de sens commun

André Bareau, sinologue et pālisant de renom, nous a laissé des études remarquables sur le culte rendu au *stūpa,* sur la construction du monument lui-même et sur l'usage des reliques. Ses travaux sur la vie du Buddha, fondés sur l'analyse des nombreuses versions du récit de l'extinction complète (*parinirvāṇasūtra / parinnibānasuttanta*), demeurent une source de référence inégalée. Et l'interprétation des sources telle qu'elle apparaît dans son article « Le Parinirvāṇa du Buddha et la naissance de la religion bouddhique »[16], fait le

13. P. Brown, *Le culte des saints, Son essor et sa fonction dans la chrétienté latine*, Paris 1996, p. 50.
14. DN II xvi § 26, p. 166.3-12 ; A. Bareau, II.2, 1971, p. 288-303, 296. Bareau suggère qu'il pourrait s'agir d'un « remaniement assez tardif ».
15. Cf. *Manusmṛti* IX.320, 322, X.79-80 *et passim.*
16. Cet article fut publié en 1974 dans le *Bulletin de l'École française d'Extrême-Orient* (BEFEO) 61, p. 275-299 et repris dans A. Bareau, *Recherches* III/1995, p. 493-517.

choix d'une approche linéaire et psychologique des données en présence qui caractérisait ses travaux.

Le premier « fait » que Bareau analyse met en scène Devadatta cousin et disciple du Buddha, rusé et envieux, qui « demande au Buddha de lui céder sa place à la tête de la Communauté en alléguant son grand âge et sa fatigue ». Dans une description qui semble dictée par une sorte de mimétisme, André Bareau décrit la scène comme suit :

> [L]e poids des ans et des lourdes responsabilités que la direction de la Communauté faisait peser sur lui, les graves soucis que lui causaient les agissements de mauvais disciples, les fatigues produites par la vie austère, errante, menée pendant si longtemps se faisaient évidemment sentir de plus en plus cruellement au Buddha. Ses disciples, comme lui-même, étaient conscients de ce déclin physique, sinon mental, du Maître vieillissant et c'était du reste prétexte invoqué par l'ambitieux Devadatta pour remplacer le Bienheureux à la tête du Saṃgha[17].

Il enchaîne ensuite sur le registre positif

> Les autres grands disciples, qui n'avaient pour leur vieux Maître que pure affection, s'en rendaient certainement bien compte, eux aussi, et, si la doctrine de l'impermanence de tout être et de toute chose, de la terrible loi de la maladie, de la vieillesse et de la mort, devait servir de fondement à leur résignation, ils n'en devaient pas moins ressentir tristesse et inquiétude. La disparition du Buddha au terme d'une longue vie bien remplie ne causa donc pas à ses disciples une cruelle surprise et par conséquent un choc émotionnel aussi intense que ceux que ressentirent les fidèles de Jésus après le drame rapide et violent qui mit brutalement fin à la vie et à la carrière de celui-ci en pleine maturité[18].

Bareau privilégie ainsi l'interprétation psychologisante du Buddha qu'il imagine en vieillard légèrement diminué, bien que le texte qu'il analyse rapporte plus loin le discours que le Buddha adressa, la veille de sa mort, à ses disciples et qui, loin d'accuser des traits distinctifs d'un « manque à être », fait figure de testament lucide. L'image qu'il donne du bouddhisme du vivant du Maître est idyllique, sinon regrettée car, dit-il, passée « cette lointaine époque » où « les relations entre moines et fidèles laïques semblent avoir été elles aussi, fort simples et toutes rationnelles », et juste « quelques décennies après le Parinirvāṇa », les progrès du Bouddhisme « virent se développer la déification et le culte du Buddha »[19]. La position de Bareau se comprend

17. A. Bareau, *Recherches* III/1995, p. 499.

18. Ibid. et la suite, toujours dans une « reconstruction » du ressenti dévotionnel.

19. P. Harrison, à qui nous devons des travaux fondamentaux sur l'histoire du bouddhisme indien, s'insurge en faux contre cette idée et penche plutôt pour une forme de « divinisation » du vivant même du Buddha, cf. « Some Reflections on the Personality of the Buddha », *Ōtani gakuhō* 74.3 (1995), p. 1-29, 17-24, 18.

mieux si l'on tient compte de la proposition première qu'il annonce au début de son article :

> Nous employons ici le mot « religion » avec le sens de relation entre les hommes et un ou plusieurs êtres considérés par eux comme leur étant très supérieurs, dieux ou hommes divinisés, cette relation s'exprimant par un culte (hommages rendus par le langage et les actes, offrandes), donc par des rites et des cérémonies.

Après l'analyse d'une série d'hypothèses que Bareau s'empresse d'écarter, il conclut :

> [Le] Bouddhisme vécu et prêché par le Buddha et ses premiers disciples est donc bien, dans ses grandes lignes tout au moins, celui que nous trouvons décrit et enseigné dans les textes canoniques antiques qui nous sont parvenus en sanskrit, en pāli ou en traduction chinoise.
> Le Bouddhisme primitif n'est pas une religion au sens propre du mot. C'est une méthode de salut utilisant des procédés rationnels ou empiriques nullement mystérieux mais ne faisant appel ni aux divinités, ni à leur culte, ni non plus à des recettes magiques[20].

Bareau ne fut pas seul à vouloir voir dans le bouddhisme « primitif » cette « grammaire » des religions sans dieu, sans hiérarchie, sans rites qui, pour d'aucuns, continue d'exercer un fort attrait.

Sous le regard de Marcel Mauss

Comme il arrive souvent, c'est en relisant cet article de Bareau que je revins vers le texte de Marcel Mauss dont parle plus en détail Jean-Daniel Dubois et que j'en saisis, du coup, toute l'importance. Pour contraster les deux approches il convient de revenir sur la conclusion de l'article d'André Bareau[21] :

> Ainsi, dans les premières décennies qui suivirent le Parinirvāṇa du Bienheureux, naquit la religion bouddhique, centrée sur la personne du Buddha et le culte dont elle était l'objet. Causée par le désarroi, le vide affectif où la disparition du Maître avait laissé les disciples, elle germa bientôt dans l'esprit de ces derniers, surtout des laïcs auxquels l'austère et difficile doctrine du Buddha était peu accessible. Elle se greffa sur la mentalité religieuse des fidèles, qui avait été modelée par des siècles de Védisme et de ce que l'on peut appeler Paganisme indien, auxquels elle emprunta naturellement leurs types de croyances et de concepts, leurs formes cultuelles et, dans une certaine mesure tout au moins, leurs lieux sacrés où elle alla vénérer la mémoire du Bienheureux disparu à jamais dans l'insondable, inconcevable et définitive paix du Parinirvāṇa.

---

20. A. Bareau, *Recherches* III/1995, p. 493, 498, 507.
21. *Ibid.*, p. 517.

Tandis que, pour Marcel Mauss[22],

> L'essentiel est que nous restions sur le terrain exclusif des faits et que nous systématisions ensemble que des faits de même ordre. C'est-à-dire qu'il nous faut expliquer un fait religieux par d'autres faits religieux ou d'autres faits sociaux. De ce point de vue, Messieurs, nous abandonnerons les méthodes anthropologiques et psychologiques... Même quand une croyance ou un rite sont universellement répandus, ce n'est pas les expliquer que de les rattacher à une raison idéale. Par exemple ce n'est nullement donner la cause des cultes funéraires que de dire que c'est l'amour, ou que c'est la crainte de la mort [...].

Revenons donc à la question des reliques. L'épigraphie d'Aśoka, à laquelle nous avons déjà fait allusion, date les événements de son règne à partir de son sacre (268/267 av. J.-C.) qu'elle situe cent ans après le Parinirvāṇa du Buddha. Les données épigraphiques fournissent des renseignements précieux sur la religion bouddhique, y compris les actes accomplis par le souverain. Nous en retiendrons deux, à savoir l'hommage rendu au *stūpa* du Buddha du passé Kanakamuni/Koṇāgamana et celui d'une cérémonie comportant probablement l'installation de reliques ou le fait que celles-ci furent hissées sur un reposoir. Ces deux faits sont, chacun à leur manière, surprenants. Le premier indique implicitement et entre autres choses que la « sortie de maison » du religieux bouddhique et autres ascètes, posait avec acuité toute une série de questions liées aux devoirs et droits de filiation, à l'héritage et à la continuité du lignage, questions qui aboutirent vite à la nécessité de légitimer la personne du Buddha à l'intérieur du système traditionnel.

Aussi, l'hommage rendu au Buddha du passé[23] procède de pair avec l'hommage rendu au lieu de naissance du Buddha[24], fait qui inaugure l'histoire de la vie de Śākyamun telle qu'elle apparaîtra dans les recueils narratifs des Jātaka, attestée un peu plus d'un siècle après, à Bhārhut (district de Satna, Madhya Pradesh) et datant de l'époque Śuṅga (ca. IIe-Ier siècle av. J.-C.) et où les reliefs narratifs tirés des Jātaka (fig. 4) ou des Avadāna sont assortis d'inscriptions qui donnent l'amorce du récit. Toujours à Bhārhut sont figurés aussi les noms des Buddha du passé et le nom de l'arbre sous lequel chacun d'eux parvint à l'éveil (fig. 5).

22. « L'enseignement de l'histoire des religions des peuples non-civilisés à l'École des Hautes Études », *Revue de l'histoire des religions* 45 (1902), p. 36-55, ici p. 54.

23. Il s'agit de l'édit de Nigāli Sāgar (district de Kapilavastu, Népal) et où le souverain dans la vingtième année de son sacre, rappelle que dans la quatorzième année de son sacre il procéda à l'agrandissement du *stūpa* de Kanakamuni et en la vingtième s'y rendit de nouveau pour rendre hommage au stūpa et ériger le pilier de l'inscription, cf. H. Falk, *Aśokan Sites and Artefacts. A Source-book with Bibliography*, Mayence 2006, p. 187-189.

24. L'acte du souverain est consigné dans l'édit de Lumbinī/Rummindei (Dist. de Rūpandehī, Népal) daté de la vingtième année du sacre, cf. H. Falk, *Aśokan Sites and Artefacts. A Source-book with Bibliography*, Mayence 2006, p. 177-180.

Fig. 4 : Vessantara Jātaka, Bhārhūt, Madhya Pradesh, c. 100 a. C., Calcutta, Indian Museum. © Deborah Klimburg-Salter *et al.*, *Buddha in Indien. Die frühindische Skulptur von König Aśoka bis zur Guptazeit*, Musée d'Histoire de l'art de Vienne, 2 avril au 16 juillet 1995, Milan, Skira, 1995, p. 94, n° 48.

Fig. 5 : L'arbre du buddha Kanakamuni, Bhārhūt, Madhya Pradesh, c. 100 a. C., Calcutta, Indian Museum. © Deborah Klimburg-Salter *et al.*, *Buddha in Indien. Die frühindische Skulptur von König Aśoka bis zur Guptazeit*, Musée d'Histoire de l'art de Vienne, 2 avril au 16 juillet 1995, Milan, Skira, 1995, p. 85, n° 34.

Le second fait est attesté par l'un des édits mineurs d'Aśoka, celui d'Ahraurā (district de Mirzapur, Uttar Pradesh)[25] qui semble faire référence à un acte solennel ou rite public ayant pour objet les reliques. Le texte est de lecture difficile certes, d'aucuns cependant y ont vu la pratique d'exposition publique des reliques, en somme une forme d'ostension. Or, quelques récits narratifs plus tardifs nous disent que lorsque l'empereur Maurya accéda au trône, son premier acte officiel fut la recherche des reliques du Buddha.

25. H. Falk, *Aśokan Sites*, 2006, p. 59-61.

La tentation est grande de trouver ici le motif qui put inspirer Buddhaghosa (ve s.) à faire de la recherche des reliques du Buddha historique le premier acte impérial d'Aśoka. On peut se demander aussi si l'édit d'Ahraurā n'a pas contribué à inspirer les partisans de la légende d'Aśoka dans laquelle le souverain Maurya apparaît comme le roi bouddhiste par excellence. On peut ajouter aussi que l'édit d'Ahraurā faisant état d'une manière d'exposition des reliques du Buddha historique et proclamé la quatorzième année du sacre, est antérieur à l'édit de Nigāli Sāgar où le souverain dans la vingtième année de son règne rend hommage au *stūpa* de Kanakamuni qu'il avait antérieurement élargi[26].

Gregory Schopen, au sujet d'un passage des *Chroniques Ceylanaises* souvent cité, note que les reliques avaient pour fonction de rappeler la présence du Buddha et étaient considérées comme essentielles à la communauté en tant que garantes de sa continuité. Instrument de légitimation donc, mais non pas uniquement[27]. En effet, le passage en question montre aussi que les reliques pouvaient faire l'objet de transaction diplomatique. Sumana, nous dit le texte, religieux de son état, est dépêché [en Inde] auprès de son grand-père, l'empereur Aśoka, par le roi Devānaṃpiyatissa (250-210 av. J.-C.) afin de solliciter du souverain Maurya l'octroi gracieux/la faveur d'une relique (*dhātuvara*) qui, soit dit en passant, se trouve hypothétiquement faire partie, aujourd'hui encore, des reliques les plus sacrées de Śrī Laṅkā.

Le récit fournit ensuite les raisons qui ont motivé la transaction. Auparavant, nous dit-il, Mahinda le propre fils d'Aśoka, doyen et fondateur de l'ordre à Śrī Laṅkā, s'était plaint auprès du souverain de l'île du fait que depuis longtemps on n'avait vu le Saṃbuddha et qu'ainsi il n'y avait plus rien à vénérer[28].

---

26. Dans le sillage des récits narratifs de la légende d'Aśoka, d'aucuns ont vu là la preuve irréfutable de la dévotion, sinon conversion, de l'empereur Maurya. La question cependant est plus complexe et l'étude des rapports entre institution religieuse et politique à travers l'histoire (tout comme en temps de paix, naturellement) semble indiquer, dans la plupart des cas, l'habileté des souverains indiens dans l'exercice de la royauté comme le veut le corpus des traités politiques.

27. Exemplaire à cet égard la présence du Maître représenté par sa robe sur le siège qui lui est destiné. Sur la question difficile du lignage et de sa continuité, nous renvoyons aux travaux de Vincent Tournier, docteur de l'EPHE, qui a eu l'élan et les capacités d'affronter cette problématique en s'appuyant sur des sources scripturaires et épigraphiques peu étudiées, cf. notamment V. Tournier, *La formation du Mahāvastu et la mise en place des conceptions relatives à la carrière du bodhisattva*, Paris 2017.

28. Cf. É. Lamotte, *Histoire*, p. 291-297, 320-323 ; G. Schopen, « On the Buddha and his Bones. The Conception of a Relic in the Inscriptions of Nāgārjunikoṇḍa », *Bones, Stones, and Buddhist Monks. Collected papers on the Archaeology, Epigraphy, and Texts of Monastic Buddhism in India*, Honolulu 1997 (1987[1]), p. 152-153.

Le roi Devānaṃpiya inquiet répond :

[M]ais ne m'avais-tu pas dit que le Buddha est entré dans le nirvāṇa ?
— Certes, répond Mahinda, mais
[L]orsque on voit les reliques on voit le Buddha / lorsque les reliques sont présentes, le Buddha est présent (*dhātusu diṭṭhesu diṭṭhohoti jino iti).*

Il va de soi que les *Chroniques Ceylanaises* (*Dīpavaṃsa* et *Mahāvaṃsa*) visent surtout à montrer que la transmission du bouddhisme au Śrī Laṅkā remonte à l'époque du Grand Maurya et que l'empereur Aśoka, père de Mahinda, était tenu pour être un fervent bouddhiste et le dépositaire du « corps du Buddha ». Aussi, loin d'être une pratique plébéienne comme le voulaient les bien-pensants, le culte rendu aux reliques (*śarīra*) et leur dépôt dans le *stūpa,* le monument par excellence du bouddhisme à la fois monument commémoratif et reliquaire, comme le vit Gregory Schopen[29] et comme Arnaldo Momigliano l'avait vu à propos de la fin de l'Antiquité, le culte des reliques, le culte des morts exceptionnels et le culte des images ne fut pas un mouvement populaire, encore moins une « religion populaire ». Bien au contraire les inscriptions nous disent clairement qu'il s'agissait d'une affaire de moines (et de nonnes), parfois de riches banquiers ou chefs de guilde, sinon de souverains. Les cas qui illustrent cela sont nombreux et les plus anciens datent du troisième siècle av. J.-C. Ils soulèvent pour nous des questions précises portant sur les modalités diverses et complexes des transactions entre pouvoir religieux et pouvoir séculier qui naturellement changèrent au fil du temps.

Pour revenir au récit du *Mahāparinibbānasuttanta* – comme nous l'avons vu l'un des textes les plus anciens du bouddhisme, composé relativement tôt (ca. IIIe s. av. J.-C.), qui serait ainsi contemporain ou peu s'en faut des épigraphes d'Aśoka –, les Malla chez qui le Buddha s'était éteint et qui revendiquèrent le droit de territorialité sur les reliques (fig. 3c), craignant les attaques des souverains des régions voisines, protégèrent le reliquaire à l'aide d'un treillis renforcé d'un rempart d'arc, gardé par des hommes en armes (fig. 6). Cet épisode est naturellement repris par les sources postérieures qui l'enrichissent de détails fort intéressants à propos du dispositif de défense. Désormais ce seront des automates qui se chargeront de décourager les éventuels raids étrangers en dépêchant, pour en assurer la garde, des robots en lieu et place des guerriers, automates qui ne sont pas sans rappeler les machines alexandrines de l'époque de Ptolémée II Philadelphe[30].

---

29. « The Bones of the Buddha and the Business of a Monk : Conservative Monastic Values in an Early Mahāyāna Polemical Tract », dans G. Schopen, *Figments and Fragments of Mahāyāna Buddhism in India. More Collected Papers,* Honolulu 2005, p. 63-107 (1999[1]) ; « Stūpa and Tīrtha : Tibetan Mortuary Practices and an Unrecognized Form of Burial *Ad Sanctos* at Buddhist Sites in India », Honolulu 2005, p. 350-369 (1994[1]).

30. De nombreux éléments viennent confirmer les échanges réciproques de ces deux aires culturelles à cette époque, cf. C. Scherrer-Schaub, « The poetic and prosodic aspect of the page. Forms and

Fig. 6 : Gardes armées postées à droite et à gauche du reliquaire, Takht-i-Bahai. Avec l'aimable autorisation du Musée de Peshawar, n° 1319, Pakistan. Cf. Harald Ingholt, *Gandhāran Art in Pakistan*, New York, Pantheon Book, 1957, p. 99, n° 158.

Le souvenir de la guerre des reliques, que les bas-reliefs de Sāñcī (fig. 3a) représentent très tôt[31], se retrouve dans des récits datant des premiers siècles de notre ère. Et le motif devait circuler sur une aire très vaste, puisque Plutarque de Coronée (*ca.* 45-120) le reprend cette fois dans le récit des funérailles du roi Indo-grec Ménandre (150-130 av. J.-C.) qui auraient été suivies d'une bataille pour l'appropriation des reliques[32]. C'est du reste à l'époque de Ménandre que des inscriptions[33] font état du dépôt de reliques dans les régions du nord-ouest de l'Inde, où les sites archéologiques témoignent de l'installation du bouddhisme à date ancienne.

---

graphic artifices in Indian/Indic Buddhist Manuscripts in Historical Perspective », dans V. Vergiani, D. Cuneo, C. Formigatti (éd.), *The South Asian Manuscript Book. Material, Textual and Historical Investigation,* Berlin 2017, p. 239-285.

31. Cf. le commentaire de S. Gill dans « Le discours des portails : procédés de création dans la sculpture des portails du stūpa majeur de Sāñcī », *Arts asiatiques* 55 (2000), p. 40-41. La scène apparaît sur le portail (*torāṇa*) sud.

32. Cf. É. Lamotte, *Histoire du bouddhisme indien des origines à l'ère Śaka,* Louvain-La-Neuve 1976 (1958[1]), p. 463 où Lamotte traduit le passage de Plutarque tiré des *Moralia* (821 D-E).

33. Cf. G. Fussman, « L'Indo-Grec Ménandre ou Paul Demiéville revisité », *Journal asiatique* 281/1-2 (1993), p. 61-137, 95-120, 103-104 où l'auteur donne la traduction d'une inscription apparaissant sur un reliquaire de Bajaur (nord du Pakistan) qui dit ceci : « [En l'an ?] du roi Ménandre, au 14e jour de Kārttika, [des reliques corporelles] douées de vie [du Bienheureux Śākyamuni] [ont été établies] par Vijayamitra… ; le reliquaire a été établi. Reliques corporelles du Bienheureux Śākyamuni ».

II. Le(s) corps du Buddha

> *Pour se représenter les dieux, les Grecs leur auraient-ils vraiment attribué la forme d'existence corporelle qui est propre à toutes les créatures périssables, vivant ici-bas, sur cette terre ? Poser la question en ces termes ce serait admettre, au départ, que le « corps » constitue pour les humains une donnée de fait, d'évidence immédiate, une « réalité » inscrite dans la nature et sur laquelle il n'y a plus à s'interroger. [...]. [On peut] faire porter l'enquête sur le corps lui-même, posé non plus comme un fait de nature, une réalité constante et universelle, mais comme une notion tout à fait problématique, une catégorie historique, pétrie d'imaginaire, pour reprendre l'expression de Le Goff, et qu'il s'agit de déchiffrer chaque fois à l'intérieur d'une culture particulière, en définissant les fonctions qu'elle y assume, les formes qu'elle y revêt.*
>
> Jean-Pierre Vernant[34]

Les formules d'installation de reliques et de donation de *stūpa* que l'on trouve dans ces régions, à l'instar des doctrines scolastiques qui les inspirent, nous informent sur la personne du Buddha. Si les reliques corporelles (*śarīra*) gardent mémoire du *corps matériel* (*rūpakāya*) du Buddha, relativement tôt, d'autres éléments viennent nous dire un autre aspect de leur nature. Les reliques, au témoignage des épigraphes, sont pour ainsi dire « imprégnées » des qualités constitutives d'un Buddha. Deux cas se présentent. Dans le premier, les reliques sont imprégnées du « souffle vital » (*prāṇa*), somme toute un reste de vie, tout matériel, mais qui nous renvoie aux rites d'« investiture » des statues et autres supports, communs à la tradition indienne[35]. Ce sont du reste ces rites qui permettent de réactualiser la présence du Maître disparu, et sur le plan des pratiques « terrestres » font de lui une personne juridique[36]. Dans le second cas, elles sont imprégnées, sinon parfumées, par des qualités d'ordre supérieur (*dharma*) : moralité (*śīla*), concentration (*samādhi*), et connaissance (*prajñā*). Si ces qualités constituent le chemin qui conduit à l'arrêt de la douleur et à l'éveil le Buddha, elles renvoient également à son enseignement qu'il voulut, dès les derniers jours avant sa mort, transmettre en

---

34. « Corps obscur, corps éclatant », dans J.-P. Vernant et C. Malamoud, éd., *Corps des dieux*, Paris 2003 (1986[1]), p. 20-21.

35. Cf. C. Malamoud, « Briques et mots. Observations sur le corps des dieux dans l'Inde védique », *Corps des dieux,* dans J.-P. Vernant et C. Malamoud, éd., *Corps des dieux*, Paris 2003 (1986[1]), p. 110. Les reliques douées ou imprégnée du souffle vital *pourraient* indiquer et vraisemblablement elles indiquent que le monument où elles sont enchâssées a été consacré. La phraséologie relative à la consécration des statues et reliquaires varie selon les époques et les régions, mais il serait excessif de nous y attarder ici.

36. Sur la personnalité juridique des divinités hindoues, cf. S. Günther-Dietz, « Religious Endowments in India : The Juridic Personality of Hindu Deities », *Zeitschrift für vergleichende Rechtswissenschaft* 69.1 (1964), p. 45-100.

héritage à la communauté (*saṃgha*), en consolant les disciples affligés par sa fin prochaine, rappelant que les enseignements et la Règle (*dharma* et *vinaya*) seraient désormais leur Maître. Ce que des textes d'autres courants exprimeront par le célèbre *logion* « Celui qui voit le Dharma, voit le Buddha ». Au corps matériel du Buddha vint ainsi s'ajouter le « corps de Dharma », puisque comme le Buddha le fit comprendre à ses disciples éplorés, le Buddha a « pour corps le Dharma » (*dharmakāya*). Ce dernier sera plus tard emblématiquement représenté dans les manuels de consécration des reliquaires par un ou des manuscrits de textes faisant partie du corpus scripturaire, en particulier ceux de la section des « formules sacralisantes » (*dhāraṇī*)[37].

Les discussions des spécialistes sur les corps du Buddha sont complexes et montrent comment des facteurs relevant à la fois des doctrines, des croyances et des pratiques socio-politiques vinrent en définir les contours. La question centrale et cruciale demeure celle de la possibilité ou de l'impossibilité d'agir du Buddha une fois entré en extinction, une fois parvenu à l'éveil (*bodhi*). La notion de *buddha* ne désigne plus uniquement un être historique d'exception, mais un état auquel peuvent parvenir ceux qui s'y destinent en connaissance de cause, les *bodhisattva*[38].

Aussi, si les reliques douées de vie et leur ostension font partie du cérémonial réactualisant la présence (la vue, comme disent les textes) et la puissance du Buddha, les reliques « parfumées » par ses qualités en évoqueront le souvenir, la remémoration (*anusmṛti*) où prend racine l'imitation de son parcours. Le rite d'installation (*pratiṣṭhā*) des reliques acquiert alors un sens différent et, comme on le verra, l'antagonisme idéologique que laissent percevoir les traités ne relève plus uniquement des polémiques d'école. L'accent mis sur les doctrines gnoséologiques transforme la vision d'un monde dont l'existence est certes cyclique et cependant finie, en celle de « mondes » qui se multiplient, sans cesse, à l'infini.

En sorte que la lecture des faits en ce qui concerne l'usage des reliques dans le bouddhisme indien doit certes prendre en considération le contexte politique, social et religieux, mais également son arrière-plan « bouddhologique » (le terme est choisi à dessein pour faire pendant à notre « théologique »), puisqu'en effet le différend majeur qui oppose les écoles portera sur le mode d'existence et les modalités d'action du/des corps du Buddha, plutôt que sur sa vénération, qui pourra certes être qualifiée de « mineure », mais qui est cependant admise par toutes les écoles suivant leur propre tradition, et pratiquée dans la liturgie quotidienne.

---

37. Cf. les références données à la n. 5.

38. Cf. C. Scherrer-Schaub, « Tendance de la pensée de Candrakīrti, Buddhajñāna et Jinakriyā », dans T. Skorupski, U. Pagel (éd.), *The Buddhist Forum, volume III 1991-1993, Papers in Honour and Appreciation of Professor David Seyfort Ruegg's Contribution to Indological and Tibetan Studies*, Londres 1994, p. 249-272.

Reliques introuvables et Buddha incommensurable

Deux thèmes, que nous avons vu apparaître dans les arts figuratifs, viennent questionner la nature de la personne du Buddha, aux premiers siècles av. J.-C. Le premier porte sur les vies antérieures du futur Buddha, parcours très long au cours duquel il fait son apprentissage dans des destinées diverses, parcours dont la mesure temporelle tend à s'allonger au fur et à mesure de l'œuvre « salvifique » (le terme n'est pas vraiment exact, mais il est éloquent) que le futur Buddha accomplit tel le don de sa chair à la tigresse affamée, accumulant ainsi une masse de mérites, dont *la force vectorielle sera pour ainsi dire projetée dans une destinée d'homme*, seule à même de faire de Śākyamuni le Buddha de la présente époque et qui se manifeste par les signes corporels qui font de lui un *mahāpuruṣa,* un être exceptionnel. Sa vie présente, par ailleurs, constituera le second thème des représentations figurées, mettant en scène les événements marquants de sa vie terrestre (naissance, etc.)[39] et dont, chose rare en Inde, on connaît la longueur : le Buddha vécut quatre-vingts ans.

Reliques introuvables et durée de vie incommensurable

Quelques matériaux narratifs, qui pouvaient circuler en Inde entre la fin du troisième et le quatrième siècle, montrent comment l'idée de la personne du Buddha a changé radicalement et associent effectivement discours sur les reliques et durée ou longueur de vie du Buddha. S'y ajoutent plusieurs reliefs, conservés au Musée de Lahore au Pakistan, qui illustrent un apologue amusant.

Celui-ci met en scène un jeune brāhmaṇe qui, ayant entendu parler de la taille extraordinaire du Buddha et sceptique à cet égard, veut vérifier la chose. Il s'empare alors d'une perche de bambou d'une hauteur de seize pieds (environ 4,28 m), se rend auprès du Buddha et tente de le mesurer. La hauteur du Buddha dépasse la perche et semble augmenter au fur et à mesure de ses essais (fig. 7). Le Bouddha fait face au brāhmane qui, tournant son visage vers le haut, regarde la perche et la tête du Buddha qui ont atteint la partie supérieure du cadre suggérant ainsi la progression du phénomène. Le motif était donc connu publiquement et central dans le milieu monastique.

Bien que la nature extraordinaire du Buddha soit mentionnée aux premiers siècles par un traité philosophico-politique qui la définit comme *mahātmya,* terme difficile à traduire, le thème de l'« immensité » deviendra un terrain de joute pour les « experts ès-vérité », les logiciens et philosophes et est porté par

---

39. On trouvera un exposé sur les événements majeurs de la vie du Buddha tels que représentés au Gandhāra dans le travail de Katia Juhel, docteur de l'EPHE, dont l'approche s'écarte de la « linéarité » qui le plus souvent caractérise ces travaux.

Fig. 7 : Mesure de la taille du Buddha. Musée de Lahore, n° 112, Pakistan. Esquisse d'après Harald Ingholt Gandhāran, *Art in Pakistan*, New York, Pantheon Book, 1957, p. 81, n° 112.

les œuvres poétiques qui font l'éloge du Buddha, de ses qualités, de la nature de sa connaissance, tel Mātṛceṭa (IIe siècle).

> *Qui pourrait compter tes innombrables vertus ? Qui pourrait les mesurer, incommensurables qu'elles sont ? En effet dans tes qualités il n'y a aucune limite de nombre ni de force !* Varṇarhavarṇastotra I (*Aśakyastava*) 12.

> *Comment celui qui ne connaît pas le tout pourrait-il te connaître, toi qui es omniscient ? Hommage à toi, dont l'étendue de ta grandeur/magnanimité n'est connue que de toi seul !* Varṇarhavarṇastotra II (*Mūrdhābhiṣeka)* 3.

La terminologie dont font usage les poètes, Nāgārjuna, Aśvaghoṣa, Mātṛceṭa, confirme une fois encore, la convergence des témoignages écrits, qu'ils soient des textes ou des épigraphes et qui font pendant aux pratiques dévotionnelles. Le genre des louanges (*stava, stotra*), en effet, est l'un des *lieux* où s'expriment le *participant* et le *participé*, manifestant la dévotion (*bhakti*), tout comme cela s'opère dans le cas de statues et autres supports matériels.

Alternant clair et obscur les poètes louent le Buddha et ses qualités dont la véritable étendue semble inaccessible à la connaissance ordinaire et, tout à la fois, maniant l'oxymoron, ils vont faire du langage ordinaire le vecteur qui dirige la pensée de l'orant vers la double vérité. Il s'agit moins ici d'effacer le contingent au profit du transcendant que d'instaurer la dynamique (le bouddhisme est éminemment une philosophie du « faire »), en somme *le mouvement* qui conduit à voir en mode de non vision, les deux : c'est dans ce moment/instant cinétique que l'absolu vient à émerger.

L'impossibilité de louer l'absolu ou le sens suprême (*paramārtha*) trouve ici un pendant dans l'impossibilité de représenter le Buddha avec les marques qui font de lui un être exceptionnel (*mahāpuruṣa),* marques qu'il partage du reste, sur le plan mondain, avec le roi à la roue, le *cakravartin.*

Et cette *immensité* n'est pas une vue de l'esprit, elle est expérimentée au cours du processus de connaissance lorsque le pratiquant, à savoir le *yogin*, s'adonne à des procédés particuliers de visualisation, l'un restreint et l'autre élargi suivant les capacités du pratiquant lui-même : méditation sur le cadavre en décomposition et méditation sur le Buddha. Le *yogin* parcourt tous les étages du cosmos — le passage du reste entre sphères terrestres et célestes est plus réel qu'on pourrait le supposer. Le premier pratiquant dans son exercice (*samādhi*) va, progressivement, élargir la visualisation en dilatant l'espace et en le visualisant de manière restreinte comme rempli de squelettes. Le second remplira l'espace par une multiplication de Buddha que les artistes peintres et sculpteurs reproduisent (fig. 8)[40].

Le pratiquant accompli parvient à l'extra-temps et à l'extra-espace par la connaissance : pour lui l'espace de nature indifférencié — tout comme l'absolu désigné comme vacuité (*śūnyatā*) — est réalisé dans l'immédiateté de l'instant de « vue devant les yeux », connaissance qui, dès lors, s'annule[41].

Fig. 8 : La multiplication des Buddha. Bodh-Gayā, Bihar. Stūpa dans la cour. © Mireille Bénisti, Contribution à l'étude du stūpa *bouddhique indien : les stūpa mineurs de Bodh-Gayā et de Ratnagiri*, Paris, EFEO, 1981, II, n° 48.

40. Cf. C. Scherrer-Schaub, « An Insuperable Citadel ? Corporeity and Incorporeity in Indian Buddhism », dans J.-P. Brach, A. Howart, T. Zarcone, *Techniques of Spiritual Experience, West and East. Proceedings of the International Conference, Centro Incontri Umani, Ascona 27th-28th May 2016*, à paraître.

41. P. Harrison est l'un des rares savants à avoir posé, de manière compréhensive, le problème de la personne du Buddha. Cf. notamment « Some Reflections on the Personality of the Buddha », *Ōtani gakushō* 74A (1995), p. 1-29.

III. L'Excellent *sūtra* de la lumière d'or

Entre le IIe et le Ve siècle de notre ère les traités exégétiques se multiplient, les écoles suivent des voies différentes dans l'interprétation du processus cognitif et c'est aussi à cette époque que circule le *Suvarṇabhāsottamasūtra*, l'« Excellent *sūtra* de la lumière d'or ». Mêlant apologues édifiants, poésie gnomique divertissante, théorie politique et philosophie, l'« Excellent *sūtra* de la lumière d'or » qui eut une grande fortune en Asie centrale, en Chine et au Japon, un texte que nous avons étudié durant plusieurs années à l'EPHE avec l'aide précieuse d'étudiants et auditeurs passionnés et passionnants, atteste la relation entre le culte des reliques, la durée de vie du Buddha et l'irruption d'un changement profond marqué par un usage particulier de l'écrit, une variante de ce que Schopen a appelé le « culte du livre », et qui va fonder un nouveau mode de transaction entre institution religieuse et pouvoir politique.

Le premier épisode du *Suvarṇa* met en scène le bodhisattva Ruciraketu « Lumière splendide/Comète brillante » qui demande pourquoi la vie du Buddha est limitée à quatre-vingts ans. C'est l'occasion pour Bhagavat de s'étendre sur le thème de l'œuvre salvifique du Buddha qui détermine la durée du monde en fonction des êtres à instruire afin que ces derniers puissent tous parvenir à la connaissance et à l'éveil. Suivent alors une série d'événements merveilleux dont les *mahāyānasūtra* ont le secret et finalement les Tathāgata/Buddha en nombre indénombrable surgissent sur scène pour transmettre l'enseignement intégral de la durée de vie de Śākyamuni :

> Il est [certes] possible de compter les gouttes d'eau de tous les océans [de l'univers], mais personne ne peut compter [l'étendue de la] vie de Śākyamuni. 2.1
>
> Il est [certes] possible de compter tous les atomes des Sumeru [qui se trouvent dans des myriades de nombreux univers] mais personne n'est en mesure de compter [l'étendue de la] vie de Śākyamuni. 2.2
>
> Tout ce qui existe d'atomes sur terre, on est [certes] en mesure de les compter, mais on ne peut [compter la durée de] vie du Jina. 2.3
>
> Si quelqu'un souhaitait mesurer l'espace cette personne [pourrait certes le faire,] mais personne n'est en mesure de compter [l'étendue de la] vie de Śākyamuni. 2.4
>
> On peut [certes compter] des myriades de nombreuses périodes cosmiques et un nombre [tout aussi égal] de Buddha parfaits, mais l'on ne parviendra pas
>
> [à compter la durée de vie de Śākyamuni]. 2.5
>
> [Le texte introduit une strophe didactique à l'intention des enseignés et futurs donateurs]
>
> *Puisqu'il existe deux causes et qu'il existe deux conditions pour cela : s'abstenir du mal qu'est la violence et offrir en grande quantité la nourriture !* 2.6
>
> Pour cette raison on ne parvient pas [à connaître] le nombre [d'années que compte] la vie du Mahātman même [en y employant un temps très long, s'étendant sur] un nombre incalculable de périodes cosmiques. 2.7

> Aussi n'aie point de doute, (car) il ne faut avoir aucun doute (là-dessus) : jamais on ne parviendra à calculer la limite [de la durée de] vie du Jina ! 2.8

Alors, en ce temps et en cette circonstance, le maître ès-*vyākaraṇa* Kauṇḍinya [exégète et grammairien et qui se trouvait] dans l'assemblée, brāhmaṇe [de son état], ensemble avec plusieurs milliers de brāhmaṇes, ayant fait acte de vénération à l'égard de Bhagavat, et qui avait entendu le discours sur la grande extinction complète du Tathāgata (*tathāgatasya mahāparinirvāṇaśabdaṃ śrutvā*), soudain se prosterna aux pieds de Bhagavat et lui dit :

> Certes [on sait bien que] Bhagavat prend en pitié et éprouve une grande compassion à l'égard de tous les êtres vivants, qu'il est désireux d'accomplir [leur] bien, qu'il est pour eux comme père et mère, qu'il est pareil à ce qui est sans pareil (*asama-sama-bhūta*), qu'il est comme la lune [d'automne] qui manifeste l'éclat [de l'éveil], le soleil naissant (*sūryasamudgata*) de la connaissance de la grande sagesse/du grand savoir (*mahā-prajñā-jñāna*). Puisqu'il [en est ainsi que] tu vois tous les êtres à l'instar de Rāhula [ton propre fils, daigne] m'(accorder) l'octroi gracieux/la faveur [d'une relique] corporelle (*dehivara*) !

Bhagavat [cependant] demeura silencieux (*tuṣṇībhūta*). Et le récit continue. C'est alors qu'un prince Licchavi surgit de ces *mirabilia* et le brāhmaṇe répète sa requête :

> Tel, est (en effet) ô Prince Kumāra (Sarvalokapriyadarśana), le *Suvarṇaprabhāsottamasūtra*, [à savoir] difficile à connaître et difficile à comprendre, tout spécialement pour nous brāhmaṇes des régions de frontières. Je te prie accorde-moi la faveur [d'une relique] de la taille d'un grain de moutarde à déposer dans une corbeille, afin que les êtres puissent obtenir rapidement la souveraineté des [dieux] trois-fois-dix [détenue par Indra] ! Comment donc, Prince Licchavi, (pourrais-je ne pas) te supplier [de m'accorder] une relique du Tathāgata de la taille d'un grain de moutarde qui, déposée et mise dans une corbeille-reliquaire (*dhātukaraṇḍake*), fera en sorte que tous les êtres obtiennent la souveraineté des « dieux trente » (*tridaśādhipatya*)[42] ? Prince Licchavi, c'est précisément (pour cela) que je sollicite cette faveur !

Alors, Sarvalokapriyadarśana, le Prince Licchavi, répondit par ces stances à Kauṇḍiniya, maître ès-*vyākaraṇa* et brāhmaṇe [de son état] :

> Lorsque les lotus vermeil (*kumuda)* prospéreront dans le cours du Gange, que les corneilles (*kākā*) seront rouges (*raktāh*) et les coucous indiens
>
> (*kokila,* eudynamis orientalis) couleur de la conque (marine). 2.9
>
> Lorsque le rose-pommier (*jambu*, jambosa eugenia) donnera des fruits de palmier à vin (*tāla,* borasse éventail) et que le dattier (*kharjūra*, phenix sylvestris)

42. L'expression *tridaśadeva* est une forme abrégée du plus courant *trayas-triṃśa-deva*.

portera les fleurs du manguier (*āmramañjarī*), alors une relique de la taille d'un grain de moutarde se manifestera. 2.10

Lorsque des poils de tortue on fera un manteau (*kacchapalomānāṃ prāvāraḥ*) de belle facture (*sukṛta*) pour se protéger du froid de la saison froide (*hemante śītaharaṇas*), alors une relique apparaîtra. 2.11

Lorsque des pattes de moustique on fera une tour de garde bien jolie (*maśakapādānṃ aṭṭālaṃ sukṛtaṃ*), ferme et inamovible (*dṛḍhaś cāpy aprakaṃpī ca*), alors une relique se manifestera. 2.12

Lorsque chez toutes les sangsues (*jalaukāṇaṃ*) des dents/défenses blanches acérées et grandes (*tīkṣṇā mahāntaś ca dantā pāṇḍarāh*) auront poussé, alors une relique sera vue. 2.13

Lorsque de la corne d'un lièvre (*śaśaviṣāṇa*) surgira une échelle de bel aspect servant d'escalier (*svargasyārohaṇārthāya)* pour grimper au ciel, alors une relique apparaîtra. 2.14

Lorsqu'une souris ayant monté cette échelle (*tāṃ nihśreṇīṃ yadāruhya... mūṣikaiḥ*) pourra mordre la lune, et affligera (le démon) Rāhu, alors une relique sera vue. 2.15

Lorsque les abeilles (*makṣikā*) ayant bu (*pītva*) une jarre de vin (*madyaghata*) vont errer dans le village (*grāmacāriṇī*) pour passer la nuit dans une maison (*agāre*), alors une relique se manifestera. 2.16

Lorsqu'un âne aura les lèvres (peintes en) rouge (*bimoṣṭhasāpanno... bhavet*) et que joyeux il s'adonnera avec bonheur à la danse et au chant, alors une relique se manifestera. 2.17

Lorsque les hiboux et les corneilles (*ulūkakāka*) retirés à l'écart/en un lieu secret prendront agréablement plaisir l'un à l'autre, alors une relique se manifestera. 2.18

Lorsque des feuilles de *butea* (*palāśa*, butea frondosa) on fera une ombrelle très ferme (*chatram sthirataraṃ bhavet*) qui sera à même de protéger de la pluie, alors une relique sera vue. 2.19

Lorsque des navires de mer, avec leur gouvernail et leurs voiles (*sayantrā sapavaṭākarā*) une fois montés/posés (*āruhya*) sur la terre ferme s'y promèneront, alors une relique se manifestera. 2.20

Lorsque les hiboux et les grands oiseaux de présage (*ulūkaśakunāḥ)* s'en iront tenant dans leur bec (*tuṇḍenādāya*) la montagne Gandhamādana, alors une relique se manifestera. 2.21

Ayant entendu ces stances Kauṇḍiniya, le maître ès-*vyākaraṇa*, brāhmaṇe de son état, répondit (à son tour à) Sarvalokapriyadarśana, le Prince Licchavi, par ces stances. 2.22

Voilà qui est vraiment excellent (*sādhu sādhu*) [toi] le meilleur des Princes (*kumārāgra*), Fils du Jina (*jinaputra*), grand Vénérable (*mahāgira*), habile en moyens [salvifiques] (*upāya-kuśala*), héros (*vīra*), (toi qui as) obtenu la prédiction suprême (*vyākaraṇottama*) ! 2.23

> Écoute-moi en bon ordre (*yathākramam*) au sujet de l'inconcevable grandeur/magnanimité du Tathāgata, le guide du monde (*lokanātha*), le protecteur (*tāyin*). 2.24
>
> Inconcevable est le domaine du buddha (*acintyaṃ buddhaviṣayam*) et incomparables sont les Tathāgata (*asamāś ca tathāgatāḥ*). Tous les buddha ont surgi (ensemble, depuis) toujours libérés. 2.25
>
> Tous les buddha ont la même couleur (*varṇa*) et chez les buddha (leur couleur) est la *dharmatā*. Et ce Bhagavat n'est pas créé, et le Tathāgata n'a pas surgi. 2.26
>
> [C'est son] corps dont la dureté [est pareille à celle du] diamant (*vajra*) qui manifeste/fait voir le corps de métamorphose (*nirmitaṃ kāyaṃ darśayet*) : et pourtant (*api*) ce que l'on nomme « relique du Grand Voyant » (*dhātur nāma maharṣiṇaḥ*), fût-il (aussi minuscule qu') un grain de moutarde n'(existe). 2.27
>
> Quelle relique existerait dans un corps sans os ni sang (*anasthirudhirakāye*) ? Le dépôt des reliques (*dhātunikṣepaṃ*) est un moyen (*upāya*) visant à accomplir le bien des êtres (*satvānāṃ hitakāraṇaṃ*). 2.28
>
> En vérité, le corps fait de *dharma* (*dharmakāya*) est le buddha parfait (*saṃbuddha*), et la base/le fondement du *dharma* (*dharmadhātu*) est le Tathāgata. Tel est le corps de Bhagavat, tel l'enseignement du *dharma* (*dharmadeśanā*). 2.29
>
> Cela fut entendu et connu par moi, car ce fut moi qui sollicitai l'octroi (d'une relique corporelle) et ce fut moi qui entamai [cette] conversation (*kāthalāpa*) dans le but d'élucider la vraie nature (*tattvavyākaraṇārthāya*) (des choses). 2.30

L'interprétation de ces strophes joue sur plusieurs registres. Le plus simple, les reliques sont impossibles à trouver. Plus subtile : on trouvera les reliques le jour où l'ordre mondain aura cessé, le jour où l'on parviendra « au *dehors* du devenir » qui dans l'optique présente inclut toutes les destinées y compris celle de *deva,* en somme le monde de la transmigration (*saṃsāra*).

Il est frappant à cet égard de revenir sur un passage de Roger Caillois qui décrit l'âge primordial dans des termes qui résument en somme ce que nous voyons dans le cas présent. Le « temps mythique est celui où "l'existence arriva à l'être et où l'histoire naturelle commença". Il est placé, à la fois, au *début* et au *dehors* du devenir ». Et aussi :

> Au fond le temps mythique est l'origine de l'autre et y émerge continuellement en produisant tout ce qui s'y manifeste de déconcertant ou d'inexplicable. Le surnaturel se trouve tapi derrière le sensible et tend sans cesse à se manifester à travers lui. L'âge primordial est décrit avec une singulière unanimité dans les contrées les plus diverses. C'est le lieu de toutes les métamorphoses, de tous les miracles. Rien n'était encore stabilisé, aucune règle encore édictée, aucune forme encore fixée. Ce qui, depuis lors, est devenu impossible était alors faisable. Les objets se déplaçaient d'eux-mêmes, les canots volaient par les airs, les hommes se transformaient en animaux, et inversement. Ils changeaient de peau au lieu de vieillir et de mourir. L'univers entier était plastique et fluide et

inépuisable. Les moissons croissaient spontanément et la chair repoussait sur les animaux, dès qu'on les avait dépecés[43].

Reste ceci. L'âge primordial serait ici plutôt l'*extra-temps* et l'*extra-espace,* en somme le dehors du devenir. Les usages métaphoriques, les hyperboles, les *mirabilia* dont abondent les *mahāyānasūtra,* et le *Suvarṇabhāsottamasūtra,* interviennent-ils alors dans l'écrit pour marquer la rupture de plan dans l'ordre des choses et suggérer par des images ce que les poètes-philosophes, Mātṛceṭa et Nāgārjuna, suggéraient par le langage ?

Mais il y a plus et plus complexe encore. Le pouvoir des reliques qui faisait circuler l'énergie donnant puissance au royaume, est maintenant substitué par le pouvoir de l'écrit qui fait circuler ce même pouvoir et assure protection au royaume, charisme et puissance au souverain. Sans que le culte rendu aux reliques et aux *stūpa* (réprouvé par l'épopée)[44] soit banni, le fruit de sa pratique se limite aux renaissances divines dans les sphères célestes. Or la condition de *deva,* comme disent les inscriptions et l'épopée, s'est appariée à celle des mortels car, à leur insu, ils sont tombés sur terre fondant comme beurre... Leur condition est désormais inférieure à celle du Buddha, lui le Sugata, lui le Victorieux, dont la divinité surpasse [celle] des dieux (*devātidevatā*) !

— Au fait, lecteur, le Buddha est-il un dieu ?

43. « La Fête, par Roger Caillois, mardi 2 mai 1939 » dans D. Hollier, *Le Collège de sociologie 1937-1939,* Paris 1995 (1979[1]), p. 656-657.

44. P. Granoff dans son article « Relics, rubies, and ritual. Some comments on the distinctiveness of the Buddhist relic cult » rompt avec l'idée que le culte des reliques serait en Inde surtout bouddhique et montre comment les rites de l'Inde classique comportent effectivement des allusions aux reliques. Elle cite entre autres sources le témoignage, plus ancien, de l'*Atharvaveda* IV.10 où il est notamment question du fait que « The bone of the gods turned into pearl », texte qui a sans doute inspiré les manuels bouddhiques des rites de consécration du *stūpa*-reliquaire, cf. C. Scherrer-Schaub, « Some dhāraṇī written on paper functioning as dharmakāya relics. A tentative approach of PT 350 », dans P. Kvaerne (éd.), *Tibetan Studies, Proceedings of the 6th Seminar of the International Association for Tibetan Studies,* Fagernes 1992, vol. 2. Oslo 1994, p. 711-727, 718.

DE QUOI LE PROTESTANTISME EST-IL LE NOM ?

Questions autour de la délimitation et de la définition d'un monde religieux[1]

Jean-Paul Willaime
EPHE – PSL « Histoire et sociologie des protestantismes ».

Le 27 janvier 1902, Marcel Mauss ouvrait son enseignement à la Section des sciences religieuses sur l'« Histoire des religions des Peuples non-civilisés » en contestant d'emblée l'intitulé de sa direction d'études : « il n'existe pas de peuples non civilisés. Il n'existe que des peuples de civilisations différentes »[2]. Je salue au passage la liberté académique de Marcel Mauss osant inaugurer une direction d'études en en disqualifiant l'intitulé même. Ces intitulés témoignent de la richesse et de la diversité de notre section et l'étude de leurs évolutions reste un sujet d'un grand intérêt. Ils manifestent un esprit critique toujours en éveil par rapport à la façon de nommer les champs et les sujets d'investigation. Y compris par rapport au nom même de cette Section dite des « sciences religieuses », un nom que certains d'entre nous, tout en respectant le legs de l'histoire et l'intérêt d'une identification pluridisciplinaire d'un champ d'études, contestent volontiers. D'abord parce qu'il n'y a de sciences que philologiques, historiques et sociales... et que qualifier de « religieuses » des sciences qui ne le sont point peut paraître paradoxal (même si c'est le legs et la consécration d'un usage). En sociologie, on est bien passé d'une « sociologie religieuse » à une « sociologie des religions » – ou de « sciences sociales des religions » – avec, en 1954, la création du

1. Sous le titre « De quoi le protestantisme est-il le nom ? », une première version de cette conférence, écrite en 2015, a été publiée dans la *Revue d'Histoire du Protestantisme* 1 (2016), p. 13-33. La présente version, écrite en 2017, est plus développée notamment sur deux points : – la direction d'études « Histoire et sociologie des protestantismes » au sein de la Section des sciences religieuses de l'EPHE ; – la commémoration des 500 ans de la Réformation en 2017.

2. M. Mauss, « L'enseignement de l'histoire des religions des peuples non civilisés à l'École des Hautes Études. Leçon d'ouverture du cours "histoire des Religions des Peuples non-civilisés" (27 janvier 1902) », *Revue de l'histoire des religions* 45 (1902), p. 43.

10.1484/M.BEHE-EB.5.117288

Groupe de Sociologie des Religions du CNRS et le changement d'intitulé de la *Conférence Internationale de Sociologie Religieuse* fondée à Louvain en 1948 qui, en 1981, s'est nommée *Conférence Internationale de Sociologie des Religions* puis, en 1989, *Société Internationale de Sociologie des Religions*, son nom actuel[3]. Ensuite parce que les antiquisants, les asiatisants, africanistes de notre Section et quelques autres ne cessent de rappeler que dans leur domaine respectif d'investigation quelque chose comme le religieux n'existe pas puisque les représentations et les pratiques rituelles qu'ils documentent et analysent ne distinguent pas en général ce qui est religieux et ce qui ne l'est pas. Une distinction qui, au demeurant, est également discutée dans les sociétés occidentales contemporaines où l'on a vu émerger des querelles sur la nature religieuse ou non d'une pratique vestimentaire comme le port d'un foulard. Il est toujours nécessaire de s'interroger sur nos intitulés et les délimitations de domaines d'investigations qu'ils présupposent. C'est ce que je me propose de faire s'agissant de ma direction d'études « Histoire et sociologie des protestantismes ». Mais rappelons tout d'abord quelques éléments essentiels de l'histoire de cette direction d'études au sein de la Section des sciences religieuses.

La direction d'études « Histoire et sociologie des protestantismes » au sein de la Section des « sciences religieuses » de l'EPHE

Après la création à la Section des sciences religieuses d'une chaire « Histoire de la Réforme et du protestantisme » en 1943 (le premier directeur d'études en fut Lucien Febvre, le second Emile-Guillaume Léonard), il fut décidé en 1964 de dédoubler cette chaire qui couvrait une période très vaste en, d'une part, une chaire d'« Histoire et théologie de la Réforme » (premier titulaire de 1964 à 1985 : Richard Stauffer auquel succéda Bernard Roussel) et en, d'autre part, une chaire d'« Histoire du protestantisme ». La première sous l'intitulé de « Protestantismes et culture dans l'Europe moderne (XVIe-XVIIIe siècles) » est aujourd'hui occupée par Hubert Bost, la seconde que j'ai occupée sous l'intitulé « Histoire et sociologie des protestantismes », concerne la période contemporaine (XIXe-XXIe siècles). C'est en 1978, sous l'impulsion de Daniel Robert, que l'on passa d'une chaire d'« Histoire du protestantisme » à une chaire d'« Histoire et *sociologie* du protestantisme » puis d'« Histoire et sociologie de*s* protestantisme*s* ». Le premier titulaire en fut Jean Baubérot (de 1978 à 1991). En 1992, j'ai succédé à Jean Baubérot à cette direction d'études après que celui-ci eut été nommé en 1991 à une chaire « Histoire et sociologie de la laïcité » nouvellement créée. La direction d'études « Histoire et sociologie

3. Voir le chapitre II « De la sociologie religieuse à la sociologie des religions » de notre ouvrage *Sociologie des Religions* (coll. « Que sais-Je ? »), Paris 2017[6].

des protestantismes» s'inscrit dans le pôle contemporanéiste de la Section des sciences religieuses, elle entretient des relations privilégiées avec deux autres directions d'études : celle d'«Histoire et sociologie du catholicisme contemporain» et celle d'«Histoire et sociologie des laïcités» (auxquelles s'ajoute aujourd'hui la direction d'études «religions et relations internationales»). Toutes ces directions d'études s'inscrivant, à côté d'autres, dans le laboratoire EPHE-CNRS *Groupe Sociétés, Religions et Laïcités* (GSRL).

Cet intitulé de la direction d'études «histoire et sociologie des protestantismes», je ne veux pas profiter de ma sortie pour le remettre en cause après l'avoir accepté à mon entrée! Je me félicite d'ailleurs que la Section, dans sa grande sagesse, ait bien voulu le reconduire[4]. J'aimerais montrer, en dévoilant un des ateliers de recherche de cette direction d'études, en quoi c'est le caractère problématique même de la notion de protestantisme qui en fait non seulement une réalité empirique intéressante à observer, y compris dans le caractère flou et discuté de ses délimitations, mais aussi un objet passionnant de recherche et d'analyses. C'est ce que j'affirmais dès le début de mon enseignement à l'EPHE, le 9 novembre 1992, lors de ma leçon inaugurale dans la salle Marcel Mauss à la Sorbonne[5]. Mais indiquons d'emblée l'importance du champ potentiel d'études que représente cette chaire.

La direction d'études «Histoire et sociologie des protestantismes» concerne un univers religieux qui représente environ 37 % du christianisme mondial et constitue l'une des expressions particulièrement multiformes du monde chrétien. La façon même de délimiter cet univers religieux est l'objet de nombreuses discussions y compris de la part des acteurs religieux eux-mêmes (par exemple certains anglicans se disent protestants, d'autres pas, de même pour les pentecôtistes). Non organisé hiérarchiquement, polycentrique, cet univers socioreligieux se manifeste à travers une grande diversité confessionnelle qui va des Églises luthériennes aux Églises pentecôtistes en passant par les Églises réformées/presbytériennes (de tradition calviniste), des Églises baptistes, méthodistes, adventistes… Les réformes du XVIe siècle ayant désacralisé l'Église et ses autorités, dans le monde protestant, la pluralité ecclésiastique, loin d'être une tare, est normale et structurelle.

Bien que les protestantismes soient nés en Europe, seulement 13 protestants sur 100 résident aujourd'hui sur ce continent et les cinq pays (USA, Nigéria, Chine, Brésil, Afrique du Sud) qui, dans le monde, comptent le plus de protestants, ne sont pas européens. Les protestantismes sont aujourd'hui tout particulièrement africains et asiatiques. Pour ce qui concerne l'Asie, le protestantisme est surtout présent, sous des formes profondément acculturées

---

4. J'en profite pour saluer mon successeur : l'historien Patrick Cabanel élu en 2015 à cette direction d'études.
5. Voir « Le protestantisme comme objet sociologique », *Archives de Sciences Sociales des Religions* 82 (1993), p. 159-178 (Leçon inaugurale à l'EPHE du 9 novembre 1992).

à ces pays, en Corée du Sud, en Chine et dans les pays d'Asie du Sud-Est[6]. En Afrique, ils se sont déployés tant dans l'Afrique anglophone (Nigeria, Afrique du Sud, Kenya, Éthiopie…) que dans l'Afrique francophone (notamment en République Populaire du Congo, pays qui, selon certaines sources, compterait le plus de francophones dans le monde). De façon plus générale, sur les 274 millions de locuteurs francophones dans le monde, il y aurait 45 millions de protestants, soit 16 % des francophones. En Europe même, y compris en France, les protestantismes sont très diversifiés culturellement (en Région parisienne, il y a par exemple une trentaine d'Églises évangéliques d'expression chinoise).

Reconnaissance personnelle

Avant d'entrer plus amplement dans mon sujet, je voudrais exprimer ma vive reconnaissance à l'EPHE et sa Section des sciences religieuses pour ces vingt-quatre années que j'ai passées en son sein. Ce furent vingt-quatre années fructueuses où j'ai particulièrement apprécié, en tant que sociologue et même si la condition de cette discipline n'y fut pas toujours facile, d'être dans un environnement scientifique pluridisciplinaire qui abordait l'étude des mondes religieux aussi bien à travers l'analyse des textes qu'à travers l'analyse des pratiques, aussi bien à travers l'analyse des représentations qu'à travers l'analyse des institutions. « Religions et systèmes de pensée », j'aime cette mention de notre doctorat non seulement parce qu'elle ouvre au-delà du religieux et interroge donc la délimitation même de ce champ d'études, mais aussi parce qu'elle signifie que les religions sont aussi des systèmes de pensées ayant, à travers leurs textes et leurs rites, une cohérence propre, tout en étant en interactions permanentes avec leur environnement et inscrites dans l'histoire. Mes années à l'EPHE, ce fut aussi la riche expérience humaine et scientifique de direction de thèses, plus d'une vingtaine, portant bien sûr sur les protestantismes mais aussi sur d'autres sujets que j'ai eu la liberté d'aborder dans le cadre de ma direction d'études. Mes doctorants, auditeurs et étudiants m'ont beaucoup appris et je les associe à ce témoignage de reconnaissance. Quant à ma forte implication dans un des importants laboratoires de l'EPHE, le *Groupe Sociétés, Religions, Laïcités* fondé par Jean Baubérot en 1995 et actuellement dirigé par Philippe Portier, deux collègues avec qui j'ai eu le plaisir de travailler étroitement, elle a été essentielle durant ces années passées à la Section des sciences religieuses. Ce laboratoire a été, et reste aujourd'hui, le lieu où j'ai aussi déployé des domaines de recherches au-delà des protestantismes, en particulier sur les relations Religions-État dans différents pays d'Europe et sur

6. Sur l'Asie du Sud-Est, voir l'ouvrage collectif dirigé par P. Bourdeaux et J. Jammes, *Chrétiens évangéliques d'Asie du Sud-Est. Expériences locales d'une ferveur conquérante* (Coll. « Sciences des Religions »), Rennes 2016.

les relations Écoles-Religions. L'importance croissante de projets collectifs de recherches, de séminaires et de colloques associant chercheurs du CNRS, collègues de l'EPHE, directeurs d'études invités et souvent membres associés du GSRL, doctorants et post-doctorants a énormément compté pour moi et, à cet égard, je crois avoir été témoin de 1992 à aujourd'hui d'une évolution positive de notre Section qui a multiplié les coopérations à l'échelle nationale et internationale. Ayant étroitement participé à l'*Institut Européen en Sciences des Religions* fondé en 2002 au sein de l'EPHE suite au rapport de Régis Debray sur l'enseignement des faits religieux à l'école publique et actuellement dirigé par Isabelle Saint-Martin, je tiens aussi à souligner l'apport, ô combien essentiel et opportun de cet Institut, pour mieux faire connaître et expliquer auprès de publics variés - au premier rang desquels les enseignants - en quoi consistent les approches scientifiques des phénomènes religieux du passé et du présent que nous pratiquons à l'EPHE.

Le protestantisme et ses mises en récits de fondation

Comme l'a judicieusement noté Hubert Bost dans un article de 1992, le protestantisme, c'est « une naissance sans faire-part »[7]. La Réforme, ou plus exactement les Réformes du XVIe siècle, n'auraient-elles pas fondé ce que l'on a appelé « le protestantisme » ? Le protestantisme ne serait-il pas né au XVIe siècle ? La réponse commune à cette question, en particulier celle des protestants eux-mêmes, est évidemment oui. La réponse des historiens, elle, est moins évidente. Et ce, même si, d'un point de vue émique[8], c'est-à-dire du point de vue des acteurs eux-mêmes, aux siècles suivants, la référence aux réformes du XVIe siècle constitue un élément important d'identification et de légitimation des protestants, les événements du XVIe siècle profilant une nouvelle « lignée croyante »[9] significative. Si, comme l'a formulé Danièle Hervieu-Léger, « une “religion” est un dispositif idéologique, pratique et symbolique par lequel est constituée, entretenue, développée et contrôlée la

7. H. Bost, « Protestantisme : une naissance sans faire-part », *Études théologiques et religieuses* 67 (1992), p. 359-373.
8. Nous reprenons ici la distinction *emic/etic* très connue des anthropologues, distinction qui, tout en permettant de clairement différencier les catégories des acteurs et celles des chercheurs permet aussi d'étudier leurs inévitables et complexes interrelations. Cette distinction fut émise par le linguiste Kenneth L. Pike en 1954 avant d'être reprise par l'anthropologue M. Harris, notamment dans son article « History and Signifiance of the Emic/Etic Distinction », *Annual Review of Anthropology* 5 (1976), p. 329-350. En français, voir J.-P. Olivier de Sardan, « Emique », *L'Homme* 147 (1998), p. 151-166.
9. S'inspirant de l'expression du théologien Pierre Gisel selon laquelle « croire, c'est se savoir engendré », D. Hervieu-Léger a théorisé sociologiquement la notion de « lignée croyante » et lui a donné une place centrale dans son approche sociologique de la religion. Voir son ouvrage *La Religion pour mémoire*, Paris 1993, p. 118-119.

conscience (individuelle et collective) de l'appartenance à une lignée croyante particulière »[10], cette lignée convoque certaines figures et certains événements qui font sens pour elle, ce que font les protestants contemporains lorsqu'ils se considèrent comme les héritiers légitimes des réformes du XVIe siècle. En ce sens, le protestantisme, bien qu'il se soit érigé, au nom du *Sola Scriptura*, en critique de la tradition, a lui-même généré de nouvelles traditions (luthériennes, réformés-calvinistes, baptistes...) à travers lesquelles il a interprété la Bible[11]. « Naissance sans faire-part » certes, mais, *post eventum* et, quelque temps plus tard, naissance néanmoins *attribuée* à une référence : celle, privilégiée et considérée comme fondatrice, à des événements et à des textes du XVIe siècle dans lesquels on a vu l'origine de ce que l'on a ensuite appelé, à partir de la fin du XVIIe siècle[12], « le protestantisme ».

D'un point de vue strictement historique, les choses sont évidemment plus complexes. Surtout si, comme Hubert Bost le fait à partir du cas français, on examine l'évolution des représentations et des attitudes desdits protestants au cours des siècles. Comparant les différences dans les domaines du dogme, de l'Église, de la Bible et du pouvoir, entre les réformés du XVIe siècle et le protestantisme des XVIIIe-XIXe siècles, Hubert Bost va ainsi jusqu'à écrire : « d'un point de vue historique et pour l'énoncer de manière un peu brutale, le protestantisme naît lorsque meurt la Réforme »[13], une Réforme qui dès lors serait « le mythe des origines du protestantisme »[14]. On peut ainsi, comme il le fait, opposer « l'exclusivisme » des positions de la Réforme à « la confrontation dialectique et l'influence réciproque » des positions qui caractérisent le protestantisme des XVIIIe-XIXe siècles. Hubert Bost rejoint ici Ernst Troeltsch (qu'il cite), qui opposait un « protestantisme ancien » « circonscrit par la culture ecclésiastique du Moyen-Âge » à un « protestantisme moderne » qui, entre autres caractéristiques, accepte « l'existence d'un monde séculier tout à

10. *Ibid.* p. 119.

11. Dans notre étude « La problématisation protestante de la tradition et ses effets sociaux », *Études théologiques et religieuses* 73 (1998), p. 391-402, nous soulignons particulièrement ce point : « si les Églises protestantes ont affirmé que la Bible était la seule référence légitimatrice, elles ont aussi, en fait, mis en œuvre une référence légitimatrice à la tradition en générant des cultures confessionnelles spécifiques (luthérienne, calviniste, baptiste, pentecôtiste...) dans l'enceinte desquelles elles ont lu et interprété la Bible. Autrement dit, d'un point de vue sociologique, l'affirmation qui oppose catholicisme et protestantisme sur les rapports entre Bible et Tradition doit être fortement relativisée. Tout en fragilisant la portée légitimatrice du rapport à la tradition, le protestantisme a bien recréé des rapports à la tradition et, comme tout groupe religieux, *il fonctionne aussi à la tradition.* » (p. 392).

12. Selon H. Bost, c'est en 1694, dans le *Dictionnaire de l'Académie française*, que l'on trouve « la première définition lexicale du protestantisme », *art. cit.*, p. 363.

13. *Art. cit.*, p. 364.

14. *Art. cit.*, p. 372.

fait émancipé de la tutelle religieuse»[15]. L'historien, à juste titre, est sensible aux évolutions, aux différences, au fait que les systèmes religieux changent, qu'ils ont, précisément, une histoire. De là une saine méfiance vis-à-vis d'une notion, «le protestantisme», qui risque de masquer les différences et de postuler une continuité là où il y a d'incontestables discontinuités. Au sein même de l'«ancien protestantisme», Ernst Troeltsch soulignait déjà les profondes différences entre le luthéranisme et le calvinisme, allant jusqu'à dire qu'«il est à peine possible de forger un concept commun et que ce n'est plus à un mais bien à deux protestantismes que nous avons affaire»[16]. Remarquons au passage que Troeltsch, en parlant de «deux protestantismes», parle bien de protestantisme dans l'un et l'autre cas. Mais il semble plus réticent à le faire, même s'il parle d'un «ancien protestantisme» et d'un «protestantisme moderne», lorsqu'il considère les différentes périodes historiques. Il remarque en effet qu'en étendant le terme de protestantisme «à tous les phénomènes de l'aire religieuse protestante, du début jusqu'à nos jours» on risquerait, selon lui, d'avancer «un concept général qui dit davantage ce que devrait être ou devenir le protestantisme plutôt que ce qu'il est effectivement»[17]. D'un point de vue *etic*, on ne peut que partager cette vigilance critique et le sociologue, attentif aux constructions sociales de la réalité qui se manifestent notamment par l'élaboration sociale de catégories à travers lesquelles on perçoit cette réalité, rejoint sans peine le point de vue de l'historien.

Faut-il pour autant éliminer de l'approche savante elle-même toute prise en compte du point de vue émique, autrement dit du point de vue des acteurs et de leurs catégories ? Tout en soulignant les discontinuités et les différences, on peut aussi être attentif au travail d'une notion et à ses usages sociaux. Autrement dit, on peut prendre en compte le fait que la notion de protestantisme, socio-historiquement parlant, s'est peu à peu construite pour rendre compte et donner sens à une incontestable diversité diachronique et synchronique d'expressions chrétiennes qui ne s'inscrivaient ni dans le champ du catholicisme romain, ni dans le champ de l'orthodoxie. Le risque d'une perception normative auquel Ernst Troeltsch nous rend attentif existe certes, il est présent non seulement dans l'usage généralisant et synthétisant que l'on peut faire du concept de protestantisme mais également dans le non-usage que l'on pourrait en faire. Ce non-usage de la notion, c'est en effet le risque d'une approche trop exclusivement substantive du protestantisme qui, en l'identifiant à l'une de ses expressions (à celles du XVIe siècle ou, au contraire, à celles ayant prévalu postérieurement aux XVIIIe-XIXe siècles), en exprotestantiserait d'autres. Troeltsch lui-même n'échappe pas à ce risque en parlant de

15. E. Troeltsch, *Protestantisme et modernité* (trad. M. B. de Launay de *Die Bedeutung des Protestantismus für die Entstehung der modernen Welt*, 1911), Paris 1991, p. 47.

16. *Ibid.*, p. 51.

17. *Ibid.*, p. 46.

« l'ancien et *authentique* protestantisme luthérien et calviniste » et en parlant d'un protestantisme moderne « devenu tout autre »[18]. On pourrait dire la même chose du catholicisme en opposant le catholicisme du concile de Trente ou du Syllabus au catholicisme de Vatican II[19]. Certains, dans les franges traditionnalistes et intégristes du catholicisme, ne manquent d'ailleurs pas de le faire, quelques-uns dénonçant même dans les évolutions contemporaines de l'Église romaine « une protestantisation du catholicisme ». Et pourtant il s'agit bien toujours de catholicisme, c'est-à-dire d'une tradition spécifique et d'un dispositif institutionnel spécifique. Un catholicisme qui continue, dans des logiques qui lui sont propres, à relire ses fondamentaux dans des contextes autres et face à des défis nouveaux.

Pourquoi, sous prétexte qu'il y a eu de profondes évolutions, incluant même des ruptures, ne pourrait-on pas employer le même terme qui plus est si, empiriquement, l'on constate que cette filiation fait sens non seulement pour les protagonistes que cela concerne, mais aussi pour les *outsiders* qui n'en font pas partie ? Le champ protestant se constitue en monde commun peut-être moins par certains contenus substantifs que par les éléments sur lesquels porte la discussion et se forgent des disputes, par exemple l'interprétation de la Bible ou la façon de concevoir l'existence collective des chrétiens en Église. Du point de vue sociologique où je me place, le protestantisme est ce qu'en font et ce qu'en disent les protestants, y compris dans leurs disputes de classements utilisant le mot protestant pour déterminer l'*in-group* de l'*out-group*. Si, plutôt qu'une approche substantive, l'on privilégie une approche des réformes du XVIe siècle en termes d'impulsions de dynamiques de changements pouvant se renouveler tel un logiciel continuant à produire des effets dans différents contextes, on peut travailler avec une notion de protestantisme qui, tout en rendant compte des évolutions et des discontinuités, permet de rendre intelligible la continuité d'une filiation.

Si je continue à filer la métaphore de « la naissance » en repensant au fait que Martin Luther en appela d'abord au pape pour réformer l'Église et qu'il ne voulut pas, à l'origine, rompre avec Rome, je dirais même que le protestantisme est un enfant non désiré. Un enfant non désiré qui a donné naissance à beaucoup d'enfants, et souvent désirés ceux-là, à travers la formation d'Églises luthériennes, réformées, presbytériennes, baptistes, congrégationalistes, méthodistes, pentecôtistes, évangéliques… Aux yeux de certains, il y a des enfants légitimes et d'autres qui le seraient moins, tels ces protestants luthéro-réformés qui se qualifient d'« historiques » pour s'opposer à d'autres, en l'occurrence les protestants évangéliques, qui ne le seraient donc pas. Et ce alors même que, dès le XVIe siècle, les réformes qui ont manifesté une rupture

---

18. P. 47.
19. Occasion de rappeler que si, historiquement, on peut parler d'Église catholique avant le XVIe siècle, on ne peut parler de catholicisme qu'après ce siècle des réformes.

avec l'Église catholique sont plurielles, non seulement luthérienne, réformée et anglicane, mais aussi anabaptiste avec ce que l'on a appelé « la réforme radicale ».

Usages et enjeux du terme de protestants

Si, comme l'affirmait Pierre Bourdieu, « la vérité du monde social est un enjeu de luttes », on pourrait dire aussi que la vérité du protestantisme est un enjeu de luttes, ces luttes commençant par la façon même de se nommer et de délimiter un champ. Les qualifications dont on use, qu'elles soient revendiquées ou attribuées, mettent en jeu des classements, des hiérarchies de légitimité. Les façons de se nommer et de se différencier étant un enjeu pertinent à la fois d'un point de vue émique, c'est-à-dire dans la façon dont les acteurs et institutions utilisent ou non les termes de protestants et de protestantisme pour se nommer et se caractériser, que d'un point de vue *etic*, c'est-à-dire dans la façon dont la notion de protestantisme est heuristiquement féconde pour décrire et analyser un champ religieux spécifique, à savoir le champ religieux protestant. Pierre Bourdieu, en théorisant la notion de « champ », insiste sur le fait qu'à chaque champ correspondent des enjeux et des intérêts spécifiques et que « les gens qui sont engagés dans un champ ont en commun un certain nombre d'intérêts fondamentaux, à savoir tout ce qui est lié à l'existence même du champ »[20]. Il y a un *champ protestant* parce qu'il y a des acteurs et des organisations qui, à travers leurs discussions sur et leurs intérêts pour « la vérité » du christianisme, sont en interrelations pour faire valoir une compréhension protestante de cette « vérité ». Comme Pierre Bourdieu l'affirme à propos de la vérité du monde social, on peut dire que « la vérité » du protestantisme est un enjeu de luttes et que c'est cet enjeu même qui génère un champ religieux spécifique. La qualification de « protestants » et de « protestantisme » est ainsi, sans s'y réduire, un enjeu de luttes entre des acteurs, c'est-à-dire un enjeu de légitimation et de délégitimation pour positionner et faire valoir des expressions chrétiennes qui n'appartiennent ni au monde catholique romain, ni au monde du christianisme orthodoxe. Un enjeu de luttes, mais aussi un choix assumé par certains et revendiqué comme tel. Comme celui de certains pentecôtistes qui, estimant former une quatrième nouvelle branche du christianisme, à côté du catholicisme, de l'orthodoxie et du protestantisme, refusent de s'inscrire, contrairement à d'autres pentecôtistes, dans le champ protestant. Le jeu reste ouvert car ni Genève, ni Wittenberg n'étant Rome, aucune instance centrale ne décrétera qui est protestant et qui ne l'est pas. Mais il y a toute sorte de régulations horizontales et réticulaires qui délimitent constamment

20. P. Bourdieu, *Questions de sociologie* (Coll. « Quelques propriétés des champs »), Paris 1980, p. 115.

et de façon conflictuelle et évolutive, les frontières souples et poreuses d'un monde religieux qui cherche à signifier une certaine unité au-delà de sa très grande diversité.

Quant au chercheur, si ce n'est évidemment pas à lui à délivrer je ne sais quel brevet de protestantisme, il peut, s'appuyant sur des données historiques relativiser certaines délimitations. Ainsi des groupements comme les Témoins de Jéhovah ou les Mormons qui admettent d'autres écrits normatifs que la Bible, ne sont en général pas labellisés comme protestants ni par eux-mêmes, ni par les autres, bien qu'historiquement ils soient nés en terrains protestants états-uniens. S'ils ont de fait été *exprotestantisés*, cela signifie qu'ils peuvent aussi éventuellement, être *reprotestantisés*. Ainsi en va-t-il de la « Communauté du Christ », petite branche mormonne qui relativise fortement le rapport au Livre de Mormon et se considère aujourd'hui de plus en plus comme une expression du protestantisme[21]. Démontrant par là que le *Sola Scriptura*, au-delà de la diversité des appropriations et des interprétations dont la Bible est l'objet, reste un marqueur essentiel du protestantisme.

Pour tenter de répondre à la question de savoir de quoi le protestantisme est-il le nom, on peut partir d'une autre remarque de Marcel Mauss. Dans cette leçon inaugurale de 1902, le neveu de Durkheim remarque en effet, je cite : « Il est regrettable d'entendre parler des "Chinois en général", encore plus regrettable d'entendre parler des Peaux Rouges, des Australiens, de la "religion mélanésienne" », et Mauss de conclure : « C'est parler de choses inexistantes »[22]. Parler de « religion protestante » reviendrait-il à parler de « choses inexistantes » ? Oui, à certains égards, si l'on est attentif au fait que, sur le terrain, on a principalement affaire à des églises luthériennes, réformées, baptistes, méthodistes, pentecôtistes... Parler de « protestantisme », même au pluriel serait-il excessif, tellement grandes sont, comme le remarquait déjà Bossuet en 1688, « les variations des églises protestantes » ? À vrai dire non.

Si depuis la seconde diète de Spire de 1529 et la fameuse protestation des princes allemands contre la décision de Charles Quint de revenir sur leur liberté de choix confessionnel reconnue lors de la première diète de Spire de 1526, l'on parla de « protestants », aujourd'hui, le fait est que très peu d'Églises à travers le monde se qualifient de protestantes, même si en Europe c'est le cas en France, en Belgique et aux Pays-Bas. Sur les 327 Églises non orthodoxes membres du *Conseil Œcuménique des Églises*, ce *World Council of Churches* de 345 Églises (avec les 18 Églises orthodoxes) qui, à Genève, associent la plupart des Églises chrétiennes à l'exception de l'Église catholique, seules

21. C. Vanel, « Des mormonismes : une étude socio-historique d'une fissiparité religieuse américaine (1830-2012) », Thèse de doctorat EPHE, 2013. Selon C. Vanel, la *Communauté du Christ* a évolué vers une forme de protestantisme libéral, voir son article « La Communauté du Christ : d'un mormonisme particulier à un protestantisme libéral singulier », *Théolib* 52 (2010), p. 46-57.

22. M. Mauss, *art. cit*, p. 50.

27 soit 8,2 % incluent le qualificatif de « protestant » dans leur appellation (parmi elles l'*Église protestante unie de France* créée en 2013) ou des Églises qui spécifient le qualificatif de protestant par un autre : « Églises chrétiennes protestantes », « Église protestante méthodiste du Bénin »… Dans la liste des Églises membres du COE, on trouve toute sorte d'appellations : « Églises chrétiennes » (d'Indonésie…) Églises évangéliques luthériennes…, Églises presbytériennes, Églises méthodistes, Églises réformées, Conventions baptistes, Églises du Christ, Églises Unies du Christ, Églises des frères, Société religieuse des amis… Les structures internationales ne valorisent pas l'affichage d'une identité protestante mais celle des différentes identités confessionnelles : *Fédération Luthérienne Mondiale, Communion Mondiale des Églises Réformées, Alliance Baptiste Mondiale,* l'*Association Mondiale de Pentecôte,* la *Conférence Mondiale Pentecôtiste,* l'*Alliance Évangélique Mondiale…* Quant à des structures comme la *Conférence des Églises Européennes* et le *Conseil Œcuménique des Églises,* le fait qu'elles incluent des Églises orthodoxes et anglicanes, empêchent de qualifier ces organisations de « protestantes » (ce qui n'a pas empêché quelques Églises orthodoxes, trouvant le COE trop dominé par les protestants, de quitter le COE).

Quant à l'identification des fidèles de ces différentes Églises, si certains s'identifient comme protestants, d'autres préfèrent s'identifier d'abord comme baptistes, luthériens et, surtout, comme évangéliques avant de s'identifier éventuellement comme protestants. La qualification d'évangélique tend même à pointer vers un christianisme transconfessionnel de convertis qui relativiserait fortement les différenciations confessionnelles héritées de l'histoire, y compris la différenciation catholico-protestante (cf. les groupes « Alpha » qui organisent des parcours de redécouvertes des fondamentaux du christianisme autour de dîners conviviaux ouverts à tous). Significativement la *Megachurch* pentecôtiste qui, à Mulhouse, dispose d'une salle de culte pouvant accueillir jusqu'à 2400 personnes, s'appelle la *Porte Ouverte Chrétienne* et non la « Porte Ouverte Protestante » ou « Chrétienne-Protestante »[23]. Il y a une tendance, également décelable dans le monde catholique, à plus parler en termes de chrétiens qu'en termes de protestants ou de catholiques. Comme si dans des sociétés occidentales où il est de moins en moins évident de se définir religieusement, l'on voulait, œcuménisme aidant, se concentrer sur l'essentiel au-delà des divergences confessionnelles.

Il faudrait faire également le tour des différents mondes linguistiques pour étudier l'usage ou non du terme de protestant et de protestantisme. Par exemple, en Amérique Latine, on parle surtout des *evangelicos* et au Vietnam, où j'ai pu me rendre plusieurs fois grâce à l'EPHE, même si on parle d'Églises

23. Cette Église a fait l'objet d'une thèse de doctorat EPHE de L. Amiotte-Suchet, « Pratiques pentecôtistes et dévotion mariale : Analyse comparée des modes de mise en présence du divin » (soutenue le 13 décembre 2006).

protestantes du Nord et du Sud, dans l'usage courant, il était question, en vietnamien, d'expressions comme « religion de la bonne nouvelle », de « doctrine de l'opposition », de « religion de Jésus » ou, au Sud, de « religion américaine ». Mais si de la part des acteurs eux-mêmes, les catégories de protestants et de protestantisme sont moins utilisées qu'on ne le pense généralement, mais ils le sont comme on va le voir, d'un point de vue *etic*, ces catégories de « protestants » et de « protestantisme » restent pertinentes car elles fonctionnent comme une notion générique qui désigne une diversité, le protestantisme est en fin de compte le nom d'une diversité structurelle, revendiquée et constamment travaillée, questionnée dans ses délimitations et dans son auto-compréhension.

Un monde marqué non seulement par une grande pluralité de confessions (du luthéranisme au pentecôtisme en passant par le baptisme, le méthodisme…), mais aussi par une non moins grande pluralité d'orientations théologiques (du libéralisme au fondamentalisme) et une diversité de modes d'organisations ecclésiastiques (épiscopalien, presbytérien, congrégationaliste). Cette diversité confessionnelle, théologique et organisationnelle (ecclésiologique) du monde protestant se complexifie encore par le fait qu'elle s'entremêle avec une diversité ethnique, culturelle, sociale, régionale et nationale. Tout en appartenant tous à la *Fédération Luthérienne Mondiale* (FLM), les luthériens d'Allemagne, de Madagascar, des USA et d'Alsace-Moselle sont différents à bien des égards. Et puis il ne faut pas oublier, même s'ils sont minoritaires, qu'il y a aussi des luthériens n'appartenant pas à la FLM, en particulier ceux dits du Synode de Missouri. Et si l'on considère l'univers protestant baptiste, l'on est confronté à une grande diversité : aux USA, on ne dénombre pas moins de 16 groupements baptistes, certains, comme la *Southern Baptist Convention*, étant classés parmi les « Evangelical Protestant Churches », d'autres, comme l'*American Baptist Churches in USA* parmi les « Mainline Protestant Churches », d'autres encore, comme la *National Baptist Convention* parmi les « Historically Black Churches »[24]. Diversité baptiste que l'on retrouve en France avec les baptistes de la *Fédération des Églises Évangéliques Baptistes de France* (FEEBF) appartenant à la *Fédération Protestante de France* (FPF), les baptistes de l'*Association Évangélique d'Églises Baptistes de langue française* (AEEB), de la *Fédération des Églises et Communautés Baptistes Charismatiques* (FECBC), de la *Communion d'Églises Baptistes Indépendantes* et de l'*Église baptiste du Tabernacle* qui n'y appartiennent pas. Les trois principes de différenciation confessionnels, théologiques et ecclésiologiques s'entremêlant avec les différenciations

24. Nous nous référons ici à l'*U.S. Religious Landscape Survey* de 2008 du Pew Forum on Religion & Public Life (religions.pewforum.org). Selon cette enquête, les 51,3 % de protestants des États-Unis se répartissent en 26,3 % pour les « Evangelical Churches », 18,1 % pour les « Mainline Churches » et 6,9 % pour les « Historically Black Churches ».

culturelles et sociales, on comprend que l'on puisse légitimement s'interroger sur l'identité protestante, se demander s'il y a un minimum d'unité et de régulation dans cette importante diversité.

Une diversité qui se reconnaît un air de famille et qui se montre ensemble

Mais le protestantisme ne serait-il que le nom d'une diversité, de toutes les Églises et les fidèles qui seraient ne seraient ni catholiques romains, ni orthodoxes ? Les christianismes non catholique et non orthodoxe comme reste en quelque sorte, ce serait un peu court. Observons tout d'abord que si le protestantisme est le nom d'une diversité, il est aussi le nom d'un repérage historique et culturel à travers des publications (des encyclopédies, des revues, des dictionnaires). Le protestantisme est le nom d'un objet de connaissance et de culture : La francophone *Encyclopédie du protestantisme* (P. Gisel - L. Kaennel, 2006), l'américaine *The Encyclopedia of Protestantism* (Hans J. Hillerbrand), mais aussi *Encyclopedia of Evangelicalism* (Randall Balmer, 2004), *Encyclopedia of Pentecostal and Charismatic Christianity* (Stanley M. Burgess, 2006), *Dictionnaire biographique des protestants français* (P. Cabanel – A. Encrevé, 2015)... On parle d'histoire des protestants, d'histoire du protestantisme et il y a des revues d'histoire et de théologie protestantes comme la *Revue d'histoire du protestantisme*, nouveau nom du *Bulletin de la Société de l'Histoire du protestantisme français.*

En matière de musées, on constate que si l'appellation de « musées protestants » est fréquente à côté d'autres appellations (comme le fameux *Musée du Désert* à Mialet dans les Cévennes ou le *musée Oberlin* en Alsace), celle de musée du protestantisme n'est pas rare non plus : *Musée du protestantisme dauphinois*, *Musée du protestantisme béarnais*, *Maison du protestantisme charentais*, *Maison du protestantisme poitevin*, *Maison du protestantisme De la Réforme à la laïcité* dans le Tarn. Quant au site www.museeprotestant.org, il est dédié au *Musée Virtuel du protestantisme français* (il y a aussi un *Musée virtuel du protestantisme belge*). À travers ces occurrences du terme de protestantisme, celui-ci apparaît donc comme une réalité culturelle, savante et patrimoniale qui, au-delà de la diversité de ses expressions et manifestations, appartient à une même famille. Dans le domaine des médias, l'emploi des termes de « protestant » et de « protestantisme » est fréquent : l'émission télévisuelle du dimanche matin sur France 2 s'appelle *Présence protestante* et l'hebdomadaire national *Réforme* se présente comme un « hebdomadaire protestant d'actualité ». À Paris et en banlieues, on a *Paroles protestantes*, mensuel qui se présente comme « Le magazine des protestants en région parisienne ». Par contre l'hebdomadaire protestant alsacien-mosellan qui s'appelait le *Messager évangélique*, tout en s'affirmant comme « l'hebdo protestant d'Alsace-Moselle » a, quant à lui, préféré supprimer son qualificatif d'« évangélique » pour se démarquer du monde protestant évangélique, ex-protestantisant ainsi les évangéliques. Dans les médias séculiers[25], on parle des « protestants » ou des « protestantismes » au-delà donc des différenciations confessionnelles et des différentes dénominations de ce monde. Mais, comme le note Blandine Chélini-Pont, « le protestantisme est la famille la moins fréquemment présentée dans les informations sur la vie des religions en France »[26]. Si cette sous-médiatisation du fait protestant peut s'expliquer « à cause de son absence de conflictualité dans et avec la société française ou son absence de troupes plus bruyantes »[27], elle est aussi à mon sens due à son extrême diversité et au fait que c'est un univers religieux difficile à comprendre, notamment dans une société de culture catholique majoritaire comme l'est la France. Les protestants cherchent en tout cas à se faire mieux connaître et à se rendre plus visible à travers de grands rassemblements.

Le qualificatif de « protestants » et de « protestantisme » comme vecteur d'unité se manifeste en effet aujourd'hui à travers de grands rassemblements festifs initiés par la *Fédération Protestante de France* (FPF). Ce fut, en 2009 à Strasbourg « Protestants en fête. Témoins ensemble », et les *Dernières Nouvelles d'Alsace* du 1er novembre 2009 ont pu titrer : « Les protestants s'offrent un Zénith », le culte du dimanche y ayant rassemblé 10 000 fidèles luthériens, réformés, évangéliques. Puis, les 27-29 septembre 2013, à Paris au Palais Omnisport de Bercy, toujours à l'initiative de la Fédération Protestante de France, ce fut une nouvelle édition de « Protestants en fête » sous le titre « Paris d'espérance ». Dans le cadre de la commémoration des 500 ans du geste de Martin Luther d'octobre 1517, une troisième édition a eu lieu à Strasbourg les 27-29 octobre 2017 sous le titre « Vivre la Fraternité. 500 ans de Réformes ». Ces rassemblements festifs, qui apparaissent comme une version française des *evangelische Kirchentage* qui se déroulent en Allemagne tous les deux ans, permettent aux protestants d'affirmer leur unité au-delà de leurs différences théologiques et culturelles, ainsi qu'au-delà de leurs divergences (notamment dans le domaine de l'éthique sexuelle et familiale). Ils permettent aussi de visibiliser, à travers la participation des Églises d'expressions africaines, antillaises, coréennes, malgaches… un des aspects très importants du protestantisme français aujourd'hui : sa multiculturisation. En France aujourd'hui, le protestantisme est en effet aussi le nom d'un christianisme multiculturel avec l'importance prise, en nombre et en vitalité, par ces Églises d'expressions autres qu'européennes. *Ad intra* et *ad extra*, ces

25. Voir par exemple le numéro *Le Point Références* publié en mai-juin 2014 et intitulé : « Protestantismes. Les textes fondamentaux commentés ».

26. B. Chélini-Pont, « Le Protestantisme aujourd'hui au miroir de la grande presse : une identité religieuse qui reste méconnue », dans *La nouvelle France Protestante. Essor et recomposition au XXIe siècle*, *op. cit.*, p. 76.

27. *Ibid.*, p. 74.

rassemblements festifs envoient à cette occasion l'image d'un monde protestant français et multiculturel qui prie, loue, célèbre ensemble. Mais si on s'engage dans une analyse fine de ces événements les clivages constitutifs du champ protestant français réapparaissent vite. On peut d'ailleurs se demander, sans pour autant dénier l'importance de ces rassemblements festifs pour renforcer une unité protestante toujours en travail et en quête d'elle-même, si l'on n'éprouve pas d'autant plus le besoin de se rassembler et de faire la fête que l'on est très dispersé et très différencié.

Le protestantisme : un nom vecteur d'unité et de mutualisation des actions

Le terme de « protestants » est également une réalité institutionnelle et ecclésiastique. Il est de fait souvent réservé à des instances fédératives comme en France, la *Fédération Protestante de France* qui rassemblent des Églises luthériennes, réformées, baptistes, pentecôtistes et évangéliques. Ou, en Suisse, la *Fédération des Églises Protestantes de Suisse* (FEPS). À partir d'une dynamique d'union luthéro-réformée, il y a actuellement, en tout cas en Europe, une montée en puissance d'une identification comme « protestant ». En Europe, il est significatif que des Églises choisissent de s'appeler protestantes, comme l'a fait l'*Église Protestante Unie de Belgique* qui unifia en 1979 trois Églises précédemment distinctes et l'*Église Protestante aux Pays-Bas* (*Protestantse Kerk in Nederland*) qui réunit en 2004 deux Églises réformées et une luthérienne. L'émergence de l'*Église Protestante Unie de France* (EPUdF) en 2013, comme celle de l'*Union des Églises Protestantes d'Alsace et de Lorraine* (UEPAL) participent du même mouvement d'une affirmation commune de protestants au-delà des différences entre luthériens et réformés. La création, à la suite de la Concorde de Leuenberg (1973) – un accord luthéro-réformé établissant la pleine communion entre ces deux traditions confessionnelles – de la *Communion des Églises Protestantes en Europe* est également significative de la portée unitaire du vocable de « protestants ». Mais le relatif succès du vocable de protestants pour signifier une unité protestante ne parvient pas à ne pas marquer aussi des divisions. Si l'EPUdF précise en sous-titre, « communion luthéro-réformée », elle a néanmoins choisi de s'appeler « Église protestante », ce qui, par ricochet peut ex-protestantiser les autres expressions du protestantisme. Je note que le *Conseil National des Évangéliques de France* (CNEF) créé en 2010, bien qu'il se situe lui-même explicitement dans l'univers protestant et parle des « Églises protestantes évangéliques »[28], n'a pas intégré le qualificatif de protestant dans son titre.

28. On qualifie d'« évangéliques » les diverses expressions du protestantisme qui insistent sur la conversion personnelle (on parle de *born again*), le prosélytisme, l'orthodoxie biblique et l'orthopraxie comportementale. Au sein du monde évangélique, S. Fath distingue à juste titre une composante

On peut dire qu'à l'EPUdF, on est protestant en titre et luthéro-réformé en sous-titre tandis qu'au CNEF, on est évangélique en titre et protestant en sous-titre. Derrière ce jeu subtil d'appellations, il y a des processus implicites de hiérarchisation et de légitimation : les luthéro-réformés auraient tendance à préempter le qualificatif de protestants en considérant que les évangéliques forment une sous-catégorie de cet ensemble. L'unité protestante est souvent affichée *ad extra* tandis que l'on cultive la pluralité *ad intra*. Grâce à la *Fédération Protestante de France*, une bonne majorité des composantes du protestantisme français peut ainsi être représentée auprès des pouvoirs publics et de la société en général. Observons qu'être mentionné ou non dans l'Annuaire de la FPF, dit de *La France protestante*, constitue un indicateur intéressant car en acceptant d'inclure des indications non seulement sur ses Églises membres, mais aussi sur des Églises non-membres, l'Annuaire de la FPF exerce implicitement une fonction de *labellisation protestante* des Églises : les Églises non-membres, par le simple fait d'être mentionnées dans l'Annuaire de *La France protestante* publié « sous les auspices de la FPF », sont implicitement reconnues comme protestantes par le simple fait d'y figurer. C'est une étape qu'ont connue les Églises adventistes, admises en 2006 au sein de la FPF alors que, dans les années 1970, elles ne figuraient même pas dans la liste des « Églises et Associations non-membres de la FPF » publiée dans l'*Annuaire de la France protestante*[29].

Le qualificatif de « protestant » est en tout cas privilégié quand il s'agit des services d'aumônerie (aux armées, hospitalière, pénitentiaire, universitaire…), autrement dit de la présence protestante dans divers secteurs publics qui, s'ils sont attentifs à la pluralité religieuse externe (catholique, protestante, juive, musulmane…), ne sont pas intéressés et ne veulent pas l'être à la pluralité interne à chacun de ces mondes religieux. Le qualificatif de « protestant » est aussi vecteur d'unité dans les mouvements de jeunesse. Ainsi, les 5-6 avril 2014 une *Déclaration du Scoutisme protestant* fut signée par les Éclaireurs et Éclaireuses Unionistes de France du monde luthéro-réformé, les Éclaireurs Évangéliques, la Jeunesse adventiste, les scouts salutistes et les scouts pentecôtistes. Il l'est également dans le domaine de l'action sociale : l'*Action sociale évangélique* ayant par exemple rejoint en 2010 la *Fédération de l'Entraide Protestante* de facture luthéro-réformée[30]. La promotion de l'interreligieux

piétiste-orthodoxe et une composante charismatique-pentecôtiste. Voir son ouvrage *Du ghetto au réseau. Le protestantisme évangélique en France. 1800-2005*, Genève 2005. Le CNEF réunit des Églises de ses deux composantes qui, auparavant, se disqualifiaient mutuellement.

29. Voir J.-P. Willaime, « L'intégration des adventistes du septième jour à la Fédération Protestante de France », dans F. Desplan – R. Dericquebourg, éd., *Ces protestants que l'on dit adventistes*, Paris 2008, p. 89-99. Voir aussi, dans ce même volume, la contribution de S. Fath sur « Les relations entre les adventistes et les autres protestants » (p. 19-27).

30. Voir S. Fath, « Engagement social et solidarités », dans *La nouvelle France protestante. Essor et recomposition au xxie siècle*, *op. cit.*, p. 194-205.

favorise également la promotion d'un protestantisme au-delà de sa diversité confessionnelle. Ce sont donc également des logiques externes au champ protestant, en particulier médiatiques, qui renforcent l'usage des termes de « protestant » et de « protestantisme ». Quant aux relations et dialogues interreligieux, leur développement minorise non seulement les différences entre les diverses traditions protestantes[31], mais aussi les différenciations chrétiennes elles-mêmes : on parle de « dialogues islamo-chrétiens », même s'il y a des relations spécifiques entre catholicisme et islam d'une part, protestantisme et islam d'autre part.

Le protestantisme : le nom des 500 ans de « la Réforme » ?[32]

La commémoration en 2017 des cinq cents ans du début de la Réforme, traditionnellement fixée au 31 octobre 1517, fut un bon analyseur de la façon dont se comprend et se délimite le monde protestant. Pour les protestants se posait en effet la question de savoir comment aborder cette date anniversaire. Comme l'a très bien formulé un colloque à l'initiative des protestantismes allemand et suisse et réunissant des théologiens et des historiens spécialistes du protestantisme[33], la perspective de cette commémoration soulevait quelques questions essentielles : « qu'est-ce que nous voulons commémorer ou fêter exactement ? En quoi, cette réforme consiste-t-elle, en quoi cela peut-il concerner les Églises et le monde d'aujourd'hui ? », « Quand a eu lieu la Réforme et en quoi consiste-t-elle en définitive ? »[34] Le questionnement n'était pas mince ! On émettait le souhait d'une fête « sans triomphalisme ni modestie mal placée, sans polémique confessionnaliste ni œcuménisme simpliste »[35]. Une commémoration que l'on voulait œcuménique : on souhaitait, à côté des luthériens et des réformés, y associer non seulement les évangéliques (qui ne se réfèrent pas à la même réforme) mais aussi l'Église catholique. L'Église catholique ayant répondu positivement à cette invitation, la dimension œcuménique de ce 500e anniversaire fut très marquée, ce qui constitue incontestablement un événement historique. Une commémoration que l'on voulait aussi mondiale comme en témoigne par exemple la contribution à ce colloque

31. Alors que, dans la façon de se positionner par rapport à la pluralité des religions, les sensibilités luthéro-réformées d'une part et évangéliques d'autre part diffèrent assez profondément ; par exemple, les seconds visent beaucoup plus explicitement que les premiers la conversion des musulmans au christianisme.

32. Nous nous permettons de renvoyer à notre article : « Que signifie commémorer la Réforme ? », *Études, Revue de culture contemporaine* 4234 (2017), p. 33-44. Nous en reprenons quelques éléments.

33. P. Bosse-Huber, S. Fornerod, T. Gundlach, G. W. Locher, éd., *Célébrer Luther ou la Réforme ? 1517*-2017, Genève 2014.

34. *Ibid.*, p. 7.

35. *Ibid.*, p. 8.

d'Aiming Wang : « Le Jubilé de la Réforme dans le contexte chinois »[36]. Ce qui m'intéresse ici, c'est la question de savoir comment se dit aujourd'hui le rapport aux événements du XVIe siècle et comment se décline l'identité protestante plurielle qui en a résulté. Qu'est-ce que l'on a commémoré, comment on l'a fait et avec qui ? Ce 500e anniversaire fut un laboratoire social qui s'offre à observation et à l'analyse. Dès 2013, le rapport de la commission luthéro-catholique romaine sur l'unité l'avait affirmé : « L'année 2017 verra la première commémoration qui prend place au temps de l'œcuménisme »[37]. De fait, la dimension œcuménique de cette commémoration a été d'emblée affirmée par ce qui s'est passé en Suède le 31 octobre 2016 : la rencontre entre le pape François et les représentants de la Fédération luthérienne mondiale (FLM) en la cathédrale de Lund, ville où, en 1947, avait été fondée cette Fédération. La rencontre a donné lieu à la signature par le pape et le président de la FLM, l'évêque Mounib Younan, d'une déclaration conjointe « à l'occasion de la commémoration commune Catholique-Luthérienne de la Réforme ». Le pape François lui-même, lors de son homélie du 31 octobre 2016 à Lund, a reconnu avec gratitude l'apport de la Réforme en déclarant qu'elle avait « contribué à mettre davantage au centre la Sainte Écriture dans la vie de l'Église ». Et dans la déclaration commune signée le même jour, catholiques et luthériens ont exprimé leur profonde reconnaissance « pour les dons spirituels et théologiques reçus à travers la Réforme ». Autrement dit cet événement du XVIe siècle, loin d'être perçu comme quelque chose d'uniquement négatif, est salué (oserait-on dire « célébré » ?) par l'Église catholique pour les apports qu'il représente. Ce qui constitue une avancée non négligeable. Il est incontestable que la rencontre luthéro-catholique de Lund « à l'occasion de la commémoration commune Catholique-Luthérienne de la Réforme » constitue un événement historique qui fera date pour sa portée symbolique : un pape commémorant la Réforme dans une cathédrale protestante ! C'est bien un événement même si l'excommunication de Luther n'a pas été levée et même si catholiques et luthériens ne peuvent toujours pas pratiquer l'intercommunion.

Mais, sans méconnaître la portée historique de l'événement que constitue cette venue du pape François en Suède, il faut néanmoins en souligner les incontestables limites. Des limites qui s'inscrivent dans l'ambivalence qui marque les démarches œcuméniques où, quelle que soit la bonne volonté des uns et des autres, chacun défend aussi son identité et sa vérité[38] ce qui, encore

36. *Ibid.*, p. 337-343.

37. *Du conflit à la communion. Commémoration luthéro-catholique commune de la Réforme en 2017*, Rapport de la Commission luthéro-catholique sur l'unité (2013), Fédération Protestante de France – Éditions Olivétan, 2014. Voir le § 7.

38. Nous nous permettons de renvoyer à notre étude : « Les œcuménismes chrétiens au défi des mutations sociétales et religieuses contemporaines », dans M. Mallèvre, éd., *L'unité des chrétiens. Pourquoi ? Pour quoi ?*, Paris 2016.

une fois, est normal d'un point de vue psycho-sociologique. Plusieurs éléments permettent de relativiser la rencontre de Lund. Tout d'abord, si les Églises luthériennes peuvent se prévaloir d'une référence privilégiée à Martin Luther, si leur légitimité est forte de par ce lien avec la réformation du XVIe siècle, avec 76 millions de fidèles, elles ne représentent aujourd'hui qu'environ 10 % du protestantisme mondial (estimé à 800 millions de personnes). Autrement dit, dans la synchronie contemporaine du protestantisme marquée par le développement de diverses Églises évangéliques et pentecôtistes, la composante luthérienne doit être relativisée même si elle a une grande importance historique et théologique. Qui plus est, dans la diversité protestante, le protestantisme luthérien est sans conteste l'expression du protestantisme la plus ouverte à l'œcuménisme catholico-protestant, caractéristique que le pape n'ignore évidemment pas. En se rendant en Suède, le pape a aussi visité un pays où, démographiquement, le protestantisme luthérien est en baisse et le catholicisme en hausse (en partie grâce à l'immigration). Un pays où « célébrer » la Réforme tend aussi à masquer la violence avec laquelle celle-ci s'est imposée. Divers universitaires catholiques saisissent ainsi l'occasion de ces 500 ans pour rappeler qu'en Suède, le passage à la Réforme sous le roi Gustave Vasa s'est fait dans la violence (monastères fermés et pillés, révoltes populaires noyées dans le sang...)[39]. Des universitaires qui réclament, et ils ont raison de le faire, une commission vérité autour de la Réforme comme il y en a eu une sur l'oppression exercée par l'Église de Suède à l'égard du peuple sami (les Lapons). Réforme en Suède, Réforme en France, une tout autre histoire avec une violence politico-protestante d'un côté, une violence politico-catholique de l'autre. Tous ces éléments pondèrent la portée œcuménique de la rencontre luthéro-catholique de Lund. Celle-ci ne doit en tout cas pas faire oublier les expressions autres que luthériennes du protestantisme.

L'œcuménisation de la commémoration des 500 ans de la Réforme, si l'on poursuivait sa logique de façon unilatérale, pourrait occulter le fait que, pour de nombreux protestants, la Réforme représente « l'apparition d'une réelle alternative chrétienne à la tradition catholique romaine » comme le dit le dossier de presse de la Fédération Protestante de France. Une alternative qui, en particulier, se traduit par une autre conception du ministère (les pasteurs et les réformateurs eux-mêmes ont pu se marier dès le XVIe siècle et, au XXe siècle, le ministère pastoral a été ouvert aux femmes), de l'eucharistie/sainte Cène et de l'Église. À quoi il faut ajouter les divergences catholico-protestantes en matière d'éthique sexuelle et familiale et de bioéthique. Bref le christianisme protestant, avec toutes les tensions qui lui sont propres, incarne bien, à

39. Voir l'ouvrage collectif paru en suédois sous le titre *L'Odeur des cierges qui s'éteignent. La Réforme vue du peuple* avec notamment la participation de F. HEIDLING, jésuite, professeur de théologie à l'Université d'Upsal. Nous renvoyons au dossier publié dans l'hebdomadaire *La Vie* du 27 octobre 2016, en particulier à l'interview du père Fredrik Heidling.

certains égards en tout cas, un autre christianisme. Des protestants de sensibilité libérale comme de sensibilité évangélique le pensent sincèrement. Mais il y a plus. Les historiens, philosophes et sociologues ne peuvent qu'être d'accord avec la perspective 6 du document « Perspectives pour le Jubilé 2017 de la Réforme » élaborées par l'Église Protestante en Allemagne, une perspective qui affirme que

> La Réforme n'a pas seulement modifié fondamentalement l'Église et la théologie. Le protestantisme qui en est issu, a contribué à former l'ensemble de la vie privée et publique, les structures de la société, l'économie, les schémas de perception culturels et les mentalités, ainsi que les conceptions juridiques, les concepts scientifiques et les formes d'expression artistiques.

Le rapport aux Lumières (dans leurs versions française, mais aussi allemande, anglaise, écossaise) et, plus largement à la modernité, a été différent dans les pays à dominante protestante et dans les pays à dominante catholique. On en voyait encore les conséquences ces dernières décennies. Comme l'avaient déjà montré les enquêtes européennes sur les valeurs de 1981, selon les enquêtes de 1990, les catholiques et les protestants ne hiérarchisaient pas de la même façon les valeurs de liberté et d'égalité : en Europe, 61 % des protestants choisissaient la liberté contre 47 % des catholiques. Le philosophe Pierre Bouretz, en s'intéressant à « l'origine religieuse de l'individualisme moderne » note pour sa part :

> Ici, c'est indéniablement l'effet de la Réforme qui est décisif, dans la mesure où elle promeut une forme authentique d'autonomie individuelle face à l'autorité qui ne se conçoit pas en tant qu'émancipation vis-à-vis des idées de la religion, mais comme retour à leur source[40].

Selon lui, la France et l'Allemagne incarnent

> deux variantes de l'individualisme [qui] trouvent leur soubassement dans des relations opposées à l'héritage religieux : le projet d'un arrachement à son emprise, confondue avec les prétentions spirituelles et politiques de l'Église catholique, d'un côté ; le sentiment d'une sécularisation de la foi dans une culture de l'intériorité préparée par le protestantisme de l'autre.

Quant à la comparaison France-États-Unis,

> ce n'est pas une différence politique sur le degré d'autonomie de l'État qui sépare l'Amérique de la France, mais l'existence de deux modèles étrangers l'un à l'autre du rapport des sociétés modernes à l'expérience religieuse[41].

---

40. P. Bouretz, « La démocratie française au risque du monde », dans M. Sadoun, éd., *La démocratie en France* 1. *Idéologies*, Paris 2000, p. 69.
41. *Ibid.*, p. 58.

Autrement dit, la Réforme, ce n'est pas seulement des divergences théologiques, mais aussi des vécus religieux différents et des empreintes culturelles différentes qui ne se résorberont pas par accord théologique mais plutôt sous l'effet de la sécularisation et de l'« évangélicalisation » transconfessionnelle du christianisme. Les christianismes catholique et protestant, devenus des sous-cultures minoritaires dans des sociétés sécularisées, sont confrontés aujourd'hui à une tout autre situation. Ces évolutions sociologiques font que, de plus en plus, le christianisme est un christianisme par choix plus que par héritage et que tous les chrétiens tendent à devenir des témoins confessants et engagés de leur foi. De ce fait, catholiques et protestants deviennent quelque peu évangéliques même s'ils le manifestent de façon différente que les *evangelicals born again*. Cette nouvelle situation socio-religieuse peut aussi réactiver, à côté et malgré l'œcuménisme, des logiques concurrentielles entre les diverses façons d'assumer le christianisme et susciter des réaffirmations identitaires décomplexées tant côté catholique que protestant.

Il faudrait s'interroger plus avant sur l'émergence et le devenir de cette notion même de protestantisme et sur son succès relatif comme auto-désignation ou hétéro-désignation des institutions et groupes chrétiens qui, repérage minimal, ne sont ni catholiques, ni orthodoxes. Selon Alister McGrath, « le protestantisme désigne une famille de mouvements religieux qui partage certaines sources historiques et certaines ressources théologiques »[42]. En tout cas, comme le souligne à juste titre l'historien d'Oxford, « le concept de « protestantisme » apparut comme un essai de lier une série d'événements du début du XVIe siècle pour former une narration commune de transformation » (p. 62), un essai où « le protestantisme développa son sens de l'identité en réponse à des menaces externes et des critiques plutôt que comme le résultat de croyances partagées. En un sens, l'idée de « protestantisme » peut être vue comme la création de ses opposants plutôt que ses supporters » (p. 63).

Si les réformes protestantes du XVIe siècle ont affirmé l'autorité de la Bible, la question se posait dès lors de savoir, comme le souligne Alister McGrath qui insiste sur les réponses différentes apportées à cette question par Luther, Calvin et Zwingli, qui avait « le droit d'interpréter la Bible ? »[43] : les théologiens, le simple croyant, le conseil de la ville, le peuple ? Et puis quelle Bible avait autorité, quelle vérité dans la Bible, qui avait l'autorité pour le dire ? La tradition des réveils (notamment les *Great Awakenings* de la fin du XVIIIe et du début du XIXe siècle en Amérique) a également posé la question de la légitimité respective de la rationalisation théologique et de l'expérience religieuse comme vecteur d'authentification de la vérité. Il est en tout cas clair qu'en affirmant l'autorité souveraine des Écritures en matière de foi et de doctrine,

42. A. E. McGrath, *Christianity's Dangerous Idea. The Protestant Revolution – A History from the Sixteenth Century to the Twenty-First*, New York 2007, p. 63.
43. *Ibid.*, p. 70.

les réformes protestantes ont abouti à une désacralisation de l'institution ecclésiastique : celle-ci n'était plus forcément, *per se*, porteuse de vérité, elle était soumise au principe scripturaire et sa fidélité devait être évaluée à partir de la Bible. Comme l'a très bien souligné Alister McGrath,

> la nouvelle idée dangereuse, profondément ancrée au cœur de la révolution protestante, était que tous les chrétiens avaient le droit d'interpréter la Bible pour eux-mêmes, [...] le protestantisme affirma sa position dans le droit des individus d'interpréter la Bible pour eux-mêmes plutôt que d'être forcés de se soumettre à des interprétations officielles émises par des papes ou d'autres autorités religieuses centrales[44].

Ce geste, pour l'institution religieuse chrétienne, a eu une portée considérable : le lieu de la vérité religieuse n'était plus dans l'institution, mais dans le message transmis. La légitimation était déplacée de la fonction à l'action de l'Église, à son orientation. Il n'est dès lors pas étonnant de constater que toute l'histoire du protestantisme est traversée par diverses scissions qui se sont opérées au sein des Églises qui se réclament de cet héritage. En effet, dès l'instant où l'institution ecclésiastique n'est plus considérée comme sainte en elle-même, rien ne s'oppose à ce que l'on crée d'autres organisations ecclésiastiques si l'on estime que l'Église n'est plus assez fidèle. La question de la fidélité, dans l'optique protestante, n'est plus une question institutionnelle mais une question herméneutique et existentielle : l'enjeu est l'interprétation de la Bible et le débat sur la vérité du christianisme devient à la fois un débat d'exégètes, de docteurs et un débat entre les vécus et expériences diverses des personnes. Un principe de contestation était dès lors introduit au cœur de l'affirmation chrétienne dans sa vérité (débat doctrinal) et dans sa forme sociale (le rassemblement des fidèles, la vie en Église et donc le rapport avec le monde). Les différents modes d'institutionnalisation du protestantisme se trouvèrent contestés non seulement à partir d'argumentaires théologiques, mais aussi par la référence à l'expérience. La diversité protestante a non seulement été régulièrement nourrie par des controverses théologiques, mais aussi par les mouvements piétistes et de réveils qui, au nom du sentiment religieux et de l'expérience spirituelle vécue, ont contesté les institutionnalisations doctrinales et ecclésiastiques des Églises de la Réforme. Tant les contestations par la théologie que par l'expérience font partie des logiques de pluralisation du protestantisme. Si, du point de vue protestant, rien n'est sacré, ni l'organisation ecclésiastique, ni le bâtiment cultuel, ni le personnage du clerc, ni même les chartes doctrinales que sont les *confessions de foi*, on comprend que cela ne soit pas sans conséquences sur la façon dont les Églises protestantes gèrent la vérité chrétienne et la pluralité de ses expressions et de ses mises en formes collectives. Structurellement, le monde protestant nous apparaît

---

44. *Ibid.*, p. 2 et p. 3.

comme un univers pluriel tant dans ses orientations doctrinales que dans ses formes sociales. Les réformes du XVIe siècle ayant questionné aussi bien le contenu du message chrétien que sa mise en forme collective à travers des organisations ecclésiastiques régulant tant la pluralité interne que les rapports à la société environnante.

Alister McGrath a raison d'insister sur la diversité structurelle du protestantisme :

> Il n'est pas question d'une unité originelle perdue du protestantisme, d'un âge de l'unité qui se briserait rapidement en fragments. Ses origines géographiques, culturelles et historiques multiples ont fait du protestantisme une réalité diverse dès le début[45].

Il oppose deux visions du protestantisme, l'une statique qui fige le protestantisme dans telle ou telle de ses expressions historiques et l'autre, dynamique qui, au contraire, considère que l'identité protestante est mouvante. En refusant de considérer comme normative les expressions passées du protestantisme, la vision dynamique permet, selon l'historien d'Oxford, de mieux percevoir les potentialités de cette « idée dangereuse » et complexe de l'autorité de la Bible qui a fragilisé à tout jamais les modes de rationalisation et d'institutionnalisation du message chrétien. De là l'attention positive qu'il porte au renouvellement des formes d'expression du protestantisme contemporain, en particulier dans les *megachurche*s et les diverses manifestations de l'évangélisme et du pentecôtisme. Selon lui, « c'est l'essence du protestantisme de se réexaminer et de se renouveler lui-même, en réaction à son environnement d'une part, et de sa lecture de la Bible d'autre part. (…) Le protestantisme est incontrôlable. Comme avec l'islam, il n'y a pas de pouvoir central, pas d'autorité institutionnelle pour réguler ou limiter son développement », « le protestantisme possède une unique et innée capacité à l'innovation, au renouveau et à la réforme basée sur ses ressources internes »[46]. Même si l'on peut discuter ce point de vue résolument optimiste d'Alister McGrath sur l'évolution du protestantisme et discuter telle ou telle de ses analyses[47], je trouve intéressante et féconde sa façon de définir le protestantisme comme « une famille de mouvements religieux qui partage certaines sources historiques et certaines ressources théologiques ».

De quoi le protestantisme est-il le nom ? D'une diversité assurément, mais d'une diversité qui se revendique chrétienne et entretient des rapports plus ou moins conflictuels avec les autres affirmations du christianisme. Une diversité qualifiée qui, avec plus ou moins de succès et avec d'inévitables tensions et

---

45. *Ibid.*, p. 463.
46. *Ibid.*, p. 477 et p. 478.
47. Concernant le protestantisme contemporain, A. E. McGrath ne tient pas suffisamment compte, selon moi, des processus de sécularisation et des changements socio-culturels globaux.

conflits, ambitionne de dire et faire vivre collectivement entre soi, en Église, et dans divers contextes culturels et sociétaux ce qu'ils estiment être la vérité du christianisme. D'une diversité en travail constant de délimitation qui cherche à se dépasser en faisant valoir des éléments communs d'identification à partir de débats herméneutiques et d'expériences diverses de croire ensemble. Le protestantisme m'apparaît en fin de compte comme un incubateur permanent de réforme, une réforme continue et continuée qui a toujours du mal à se satisfaire des expressions et institutionnalisations présentes du christianisme. Une réforme continue et continuée, mais qui limite ses conséquences potentiellement dissolvantes et déstabilisantes par divers stabilisateurs dont l'idée régulatrice de protestantisme fait partie à côté des traditions confessionnelles spécifiques comme le baptisme, le luthéranisme, le méthodisme... Le protestantisme, une sorte de logiciel se déployant dans toutes sortes d'applications avec des mises à jour permanentes, un laboratoire de christianisme en train de se faire dans la diversité du monde, de ses langues et de ses cultures.

ONT COLLABORÉ À CE VOLUME

Vincent Goossaert est historien, directeur d'études à l'EPHE (Histoire du taoïsme et des religions chinoises), et directeur de l'École doctorale de l'EPHE. Il est depuis 2016 co-éditeur de *T'oung-Pao*, la plus ancienne revue scientifique de sinologie en Occident. Il a été professeur invité à l'Université de Genève, à la Chinese University of Hong Kong et à la Renmin University de Pékin. Il travaille sur l'histoire de la religion chinoise prémoderne et moderne, et s'intéresse particulièrement au taoïsme, aux métiers de la religion, aux régulations sociales et religieuses, et à la production de normes morales.
Ses publications incluent :
L'interdit du bœuf en Chine. Agriculture, éthique et sacrifice, Paris, Collège de France, Institut des Hautes Études Chinoises, 2005 ;
The Peking Taoists, 1800-1949. A Social History of Urban Clerics, Cambridge, Harvard University Asia Center, 2007 ;
The Religious Question in Modern China (avec David Palmer), Chicago, University of Chicago Press, 2011 ; version française : *La question religieuse en Chine*, Paris, CNRS éditions, 2012 ;
Livres de morale révélés par les dieux, Paris, Les Belles-Lettres, 2012 ;
Bureaucratie et salut. Devenir un dieu en Chine (Collection « Histoire des religions »), Genève, Labor & Fides, 2017 ; et une dizaine de volumes collectifs ainsi qu'une cinquantaine d'articles dans des revues internationales.

Odile Journet-Diallo est directrice d'études émérite à l'EPHE (Ethnologie des Religions de l'Afrique Noire), membre du laboratoire IMAF (Institut des Mondes Africains). Elle fréquente depuis de longues années les sociétés jóola du Sénégal et de la Guinée-Bissau. Elle a notamment contribué aux recherches collectives menées au sein du laboratoire « Systèmes de Pensée en Afrique Noire » sur le sacrifice, le deuil, les objets-fétiches, le totémisme et l'initiation. Elle a publié sur tous ces thèmes dans la revue éponyme dont elle a dirigé et contribué au dernier numéro : « Comparer les systèmes de pensée. Hommage à la mémoire de Michel Cartry ».
Outre les contributions ci-dessus, elle a, entre autres, publié :
La femme de mon mari. Anthropologie du mariage polygamique en Afrique et en France, en collaboration avec S. Fainzang, Paris, L'Harmattan, 1989, 172 p.
Les créances de la terre. Chroniques du pays jamaat (Jóola de Guinée-Bissau), (Bibliothèque de l'École des Hautes Études, Sciences religieuses, 134), Turnhout, Brepols, 2007, 368 p.
« Le sang des femmes et le sacrifice : l'exemple joola », dans *Sous le Masque de l'Animal. Essais sur le sacrifice en Afrique Noire*, réunis par M. Cartry, Paris, PUF, 1987, p. 241-266.

« Viande de biche et vin de palme : un procès felup (Guinée-Bissau) », *Droit et Cultures* 24, Paris, L'Harmattan, 1993, p. 44-75.
« Le van des grands-mères », en collaboration avec A. Julliard, dans C. Attias-Donfut et L. Rosenmayr (éd.), *Vieillir en Afrique*, Paris, PUF, 1994, p. 191-210.
Articles : « Afrique », « Brousse », « Chauve-souris », « Djibril Diop Mambéty », « Fondation (récits de) », « Leiris », « Maîtres-fous », « Madagascar », « Marabout », « Mérou », « Pangolin », « Signares », « Swahili », « Zar » dans F. Laplantine, A. Nouss (éd.), *Métissages, de Arcimboldo à Zombi*, Paris, Pauvert, 2001.
« Sur les traces d'un objet insaisissable », *L'autre, Cliniques, cultures et sociétés, Le sentiment amoureux* 4/2 (2003), p 211-224.
« De l'art et des contraintes de la dissimulation en village joola (Sénégal/Guinée-Bissau) », *En cachette*, Sigila, revue franco-portugaise 17 (2006), p. 95-112.
« Prendre un *bakiin* sur le dos. Destins et transmission des aires sacrificielles en pays joola », dans M. Cartry, J.-L. Durand, R. Koch Piettre (éd.), *Architecturer l'invisible* (BEHE, Sciences religieuses, 138), Turnhout, Brepols, 2009, p. 111-136.
« Ancêtres », *Dictionnaire des faits religieux*, dir. R. Azria, D. Hervieu-Léger, Paris, PUF, 2010, p. 27-34.
« Guerre des hommes, guerres de dieux en pays jóola jamaat », *Le Chemin du rite. Autour de l'œuvre de Michel Cartry*, revue *Incidence* 6-7 (oct. 2010), p. 203-237.
« Quelques figures africaines de la folie des dieux. L'exemple jóola-jamaat (Sénégal/ Guinée-Bissau) », dans C. Darbo-Peschanski, F. Ildefonse, *L'acte fou. Analyses comparées d'un mode d'action et de présence* (coll. Symposia), Paris, Garnier, 2017.
« De la captation d'une instance à la fabrication d'une puissance. Les *ukíin* jóola », dans C. Bonnet, N. Belayche, M. Albert Llorca, A. Avdeff, F. Massa, I. Slobodzianek, *Puissances divines à l'épreuve du comparatisme* (BEHE, Sciences religieuses, 175), Turnhout, Brepols, 2017, p. 339-354.

Christiane Zivie-Coche est directrice d'études émérite à l'EPHE (Religion de l'Égypte ancienne). Elle fut Assistante de recherche à l'EPHE, Sciences religieuses (1969-1971) ; membre scientifique de l'Institut Français d'Archéologie Orientale du Caire (1973-1976) ; attachée, chargée, directrice de recherche au CNRS (1976-1992) ; chargée de conférences à l'EPHE, Sciences religieuses (1986-1992) ; et directrice d'études (1992-2015). Elle fut aussi directrice du Centre Wladimir Golenischeff (1992-2015) et directrice de l'équipe « Égypte ancienne : archéologie, langue, religion », EA 4519 (2010-2015).
Missions archéologiques et épigraphiques à Giza, Saqqara, Louqsor, Tanis.
Elle a notamment publié :
Giza au deuxième millénaire, Bibliothèque d'étude 70, Le Caire, 1976.
Le temple de Deir Chelouit I-IV, Le Caire, 1982-1992.
Égypte, Paris, 1990 ; traduction en catalan, 1992 ; en allemand, 1993.
Dieux et hommes en Égypte. 3000 av. J.-C. - 395 apr. J.-C. Anthropologie religieuse, en collaboration avec Françoise Dunand, Paris, 1991 ; réimpr. 2001 ; traduction en arabe, 1997 ; en italien, 2003 ; en anglais, 2004.
Giza au premier millénaire. Autour du temple d'Isis, dame des Pyramides, Boston, 1991.
Sphinx ! Le Père la terreur. Histoire d'une statue, Paris, 1997 ; traduction en anglais, 2002 ; en allemand, 2004.

Statues et autobiographies de dignitaires. Tanis à l'époque ptolémaïque. Travaux récents sur le tell Sân el-Hagar 3, Paris, 2004.
Hommes et dieux en Égypte. 3000 av. J.-C. 395 apr. J.-C. Anthropologie religieuse, en collaboration avec Françoise Dunand, Paris, 2006 (éd. revue et augmentée de *Dieux et hommes*).
Religionen der Menschheit : Les religions égyptiennes, en collaboration avec Françoise Dunand, Stuttgart, 2012.
« *Parcourir l'éternité* », *Hommages à Jean Yoyotte*, éd. avec I. Guermeur, (BEHE, Sciences religieuses, 156), Turnhout, 2012, 2 vol.
Le myrte et la rose, Mélanges offerts à Françoise Dunand, éd. avec G. Tallet (CENiM, 9), Montpellier, 2014.
Offrandes, *rites et rituels dans les temples d'époques ptolémaïque et romaine* (CENiM, 10), Montpellier, 2015.
L'individu dans la religion égyptienne, éd. avec Y. Gourdon (CENiM 16), Montpellier, 2017.

Jean-Daniel Dubois est directeur d'études émérite à l'EPHE, Sciences religieuses (Gnose et manichéisme). Il a enseigné l'Histoire du christianisme ancien à l'Institut Protestant de Théologie, Faculté de Paris (1980-1992), avant de devenir directeur d'études à l'EPHE (1991-2015). Ses recherches portent sur l'histoire des mouvements et courants gnostiques, notamment à partir de la documentation copte de Nag Hammadi, découverte en 1945. Il a surtout travaillé sur la gnose valentinienne, et plus récemment sur la gnose basilidienne. Ses travaux sur l'histoire de la religion manichéenne concernent l'hymnologie conservée en copte et moyen-perse. Il a aussi exploité la documentation copte de la fouille de Kellis, dans l'oasis égyptienne de Dakhlah.
Il a notamment publié :
Introduction à la littérature gnostique, avec M. Tardieu, t. I : *Collections retrouvées avant 1945* (Initiations au christianisme ancien), Paris, Cerf-Cnrs, 1986.
Nag Hammadi : Évangile selon Thomas et Textes gnostiques aux origines du christianisme, avec R. Kuntzmann, Supplément 58 aux Cahiers Évangile, Paris, Cerf, 1987 (traduction espagnole, 1988).
Entrer en matière, Les prologues, avec B. Roussel (Patrimoines), Paris, Cerf, 1998.
Les Apocryphes chrétiens, Paris, J'ai lu, 2007.
Pensée grecque et sagesse d'Orient, Mélanges offerts à M. Tardieu, avec M. A. Amir-Moezzi, C. Jullien et F. Jullien (BEHE., Sciences religieuses, 142), Turnhout, Brepols, 2009.
L'Oiseau et le Poisson : cohabitations religieuses dans les mondes grec et romain, avec N. Belayche, Paris, PUPS, 2011.
Jésus apocryphe (coll. Jésus/Jésus-Christ, 99), Paris, Mame, 2011.
« *Études gnostiques 2008-2004 avec un appendice sur le Manichéisme en Égypte* », *Coptic Society, Literature and Religion from Late Antiquity to Modern Times, Plenary Reports of the Ninth International Congress of Coptic Studies, Cairo, September 15th-19th, 2008*, éd. P. Buzy, A. Camplani et F. Contardi (Orientalia Lovaniensia Analecta 247), Louvain, Peeters, 2016, vol. I, p. 99-129.

« La figure du prophète dans la religion manichéenne », dans M. A. Amir-Moezzi (éd.), *L'ésotérisme shi'ite, Ses racines et ses prolongements / Shi'i Esotericism, Its Roots and Developments* (BEHE., Sciences religieuses, 177), Turnhout, Brepols, 2016, p. 113-125.
Les sciences des religions en Europe, État des lieux 2003-2016, avec L. Kaennel, R. Koch-Piettre, V. Zuber, Paris, Société des Amis des Sciences religieuses, Bulletin, Hors-Série, 2016.
« The Basilidians », dans J. Verheyden, T. Nicklas, E. Hernitscheck (éd.), *Shadowy Characters and Fragmentary Evidence* (Wissenschaftliche Untersuchungen zum N.T., 388), Tübingen, Mohr-Siebeck, 2017, p. 141-157.
« Le docétisme des christologies gnostiques revisité », *New Testament Studies* 63/2 (2017), p. 279-304.
Œuvres de Saint Augustin, Contre Fauste le manichéen, Livre I-XII, dir. M. Dulaey, avec I. Bochet, J.-D. Dubois, A. Massie, P. Mattei, M.-Y. Perrin et G. Wurst (Bibliothèque augustinienne, 18A), Paris, Institut d'études augustiniennes, 2018.

Cristina Scherrer-Schaub est directeur d'études émérite à l'École Pratique des Hautes Études, Sciences religieuses. Ses travaux portent sur l'histoire du bouddhisme indien et de sa transmission en Asie centrale, au Tibet et vers les marges proches et lointaines. Le champ d'étude recouvre deux périodes distinctes : du IVe s. av. n. è. au XIIIe s. après, en ce qui concerne l'Inde, et du VIIe au XIIIe s. de n. ère pour le Tibet. Les recherches reposent sur les sources anciennes en langue originale (textes religieux, philosophiques, documents séculiers, monuments et épigraphes).
Elle a notamment publié :
« Contre le libertinage. Un opuscule de Tabo adressé aux tantristes hérétiques ? », *Le parole e i marmi. Studi in onore di Raniero Gnoli nel suo 70º compleanno,* Raffaele Torella *et al.* (éd.), Roma, IsIAO, 2001, p. 693-733.
« Immortality extolled with reason. Philosophy and politics in Nāgārjuna », dans B. Kellner, H. Krasser *et al.* (éd.), *Pramāṇakīrtiḥ. Papers dedicated to Ernst Steinkellner*, Wien, ATBS Uni Wien, 2007, Part 2, p. 757-793.
« Copier, interpréter, transformer ou des modes de la diffusion des Écritures et de l'écrit dans le bouddhisme indien » dans G. Colas et G. Gerschheimer (éd.), *Écrire et transmettre en Inde classique,* Paris, EFEO, 2009, p. 151-172.
« Tibet : an archæology of the written » dans C. Scherrer-Schaub (éd.), *Old Tibetan Studies Dedicated to the Memory of R. E. Emmerick*, Leiden, Brill, 2012, p. 217-253.
« Perennial encounters: does technology shape the mind ? The simile of the painter, the irruption of representation, and the disclosure of Buddhism in early and classical India », *Journal of the International Association of Buddhist Studies* 39 (2016), p. 1-50.
« The poetic and prosodic aspect of the page. Forms and graphic artifices of Indian/ Indic Buddhist manuscripts in historical perspective », dans V. Vergiani, D. Cuneo, C. A. Formigatti (éd.), *Indic Manuscript Cultures through the Ages. Material, Textual, and Historical Investigations*, Berlin, De Gruyter, 2017, p. 239-285.

Jean-Paul Willaime est directeur d'études émérite à l'École Pratique des Hautes Études, Sciences religieuses (Histoire et sociologie des protestantismes). De 1975 à 1992, il enseigna la sociologie des religions à la Faculté de théologie protestante de l'Université de Strasbourg avant d'être nommé en 1992 directeur d'études à l'EPHE,

jusqu'en 2015. De 2005 à 2010, il dirigea l'*Institut Européen en Sciences des Religions* (EPHE). Il est membre du laboratoire de recherches *Groupe Sociétés, Religions, Laïcités* (EPHE-CNRS), laboratoire qu'il a dirigé de 2002 à 2007. De 2007 à 2011, il a présidé la *Société Internationale de Sociologie des Religions / International Society for the Sociology of Religion.* Ses travaux portent sur les théories et méthodes en sociologie des religions, la sociologie des protestantismes contemporains, l'état religieux de l'Europe, les relations Religions-Etat et les relations écoles-religions en Europe.
Il a notamment publié :
*Profession : pasteur. Sociologie de la condition du clerc à la fin du XX*e *siècle*, Genève, Labor et Fides, 1986.
La précarité protestante. Sociologie du protestantisme contemporain, Genève, Labor et Fides, 1992.
Sociologie du protestantisme (« Que sais-je ? »), Paris, PUF, 2005.
« Religion in Ultramodernity », in *Theorising Religion. Classical and Contemporary Debates*, ed. J. A. Beckford and J. Walliss, Aldershot, Ashgate, 2006, p. 77-89.
Le retour du religieux dans la sphère publique, Lyon, Éditions Olivétan, 2008.
Les jeunes, l'école et la religion, avec Céline Béraud, Paris, Bayard, 2009.
*La nouvelle France protestante. Essor et recomposition au XXI*e *siècle,* avec S. Fath, Genève, Labor et Fides, 2011.
Le défi de l'enseignement des faits religieux à l'école. Réponses européennes et québécoises, Paris, Riveneuve éditions, 2014.
La diplomatie au défi des religions. Tensions, guerres, médiations, éd. D. Lacorne, J. Vaïsse et J.-P. Willaime, Paris, Odile Jacob, 2014.
« Towards a Recognition and Dialogue Secularism in Europe », *Brigham Young University Law Review* 3 (2015), p. 779- 809.
« De quoi le protestantisme est-il le nom ? », *Revue d'histoire du protestantisme* I (2016), p. 13-33.
Sociologie des religions (« Que sais-je ? »), Paris, PUF, 2017[6].

INDEX

Sources anciennes

Actes de Pilate 54
Augustin 41, 48, 50, 54
(*Chroniques Ceylanaises*)
voir *Dīpavaṃsa* et *Mahāvaṃsa* 67, 68
Clément d'Alexandrie 38, 44, 46
Codex Bruce 39
Codex manichéen de Cologne 42, 51
Dīgha Nikāya 60
Épiphane 39, 43
Eusèbe de Césarée 48
Évangile selon Thomas 40, 47
Évangile de Judas 51
Héracléon 39, 46
Hérodote 30
Irénée 39, 43, 44, 46, 52
Jātaka 65, 66
Justin 43
Mahāparinibbānasuttanta / Mahāparinirvāṇasūtra 58, 60
Manusmṛti 62
Marius Victorinus 40, 50
Nag Hammadi (textes de) 39, 40, 45, 46, 47, 48, 49, 50, 51, 107
Numenius 39
Oracles chaldaïques 40
Origène 38
Pistis Sophia 39
Plotin 39, 50
Plutarque de Chéronée 30, 69
Pseudo-Hippolyte 39
Suvarṇa
voir *Suvarṇabhāsottamasūtra* 75, 76, 79
Tertullien 39
Textes hermétiques 47
Textes des pyramides 30, 51, 106
Textes des sarcophages 30
Théodoret 39

Théodote 46
Traité Tripartite 40, 46
Valentin 46
Varṇarhavarṇastotra I (Aśakyastava) 73
Varṇarhavarṇastotra II (Mūrdhābhiṣeka) 73
Vinaya 56, 58, 71
Zostrien 40, 47, 50

Auteurs modernes

Adler Alfred 23
Amiotte-Suchet Laurent 91
Balmer Randall 93
Bareau André 57, 58, 59, 60, 62, 63, 64
Baubérot Jean 82, 84
Bettini Maurizio 36
Bost Hubert 85, 86
Bourdeaux Pascal 84
Bourdieu Pierre 89
Bouretz Pierre 100
Bovon François 53
Burgess Stanley 93
Brown Peter 62
Cabanel Patrick 83, 93
Caillois Roger 78, 79
Cartry Michel 13, 14, 105, 106
Chélini-Pont Blandine 94
Clère Jacques Jean 27
Contreras Josée 15,
De Beausobre Isaac 41
De Faye Eugène 38, 44
Dericquebourg Régis 96
Demiéville Paul 57, 69
Deschamps Hubert 12,
Desplan Frédéric 96
Detienne Marcel 13,
Diatta Nazaire 14,
Dieterlen Germaine 13
Dognin René 15
Doresse Jean 49
Dubois Jean-Daniel 5-6, 7-9, 11, 37-54, 64, 107
Encrevé André 93
Evans-Pritchard Edward 16
Falk Harry 65, 66
Fath Sébastien 95, 96, 109
Favret-Saada Jeanne 15
Febvre Lucien 82
Foucher Alfred 60, 61

Fussman Gérard 69
Gardner Iain 41
Geoltrain Pierre 53
Gill Sandrine 69
Gisel Pierre 85, 93
Goody Jack 19
Goossaert Vincent 5, 7-9, 105
Granoff Phyllis 79
Gulásci Zsuzsanna 52
Günther-Dietz Sontheimer 70
Harris Marvin 85
Harrison Paul 63, 74
Héritier Françoise 20
Hervieu-Léger Danielle 85, 106
Hillerbrand Hans 93
Hoffmann Philippe 50
Jammes Jeremy 84
Journet-Diallo Odile 7-9, 11-25, 105-106
Juhel Katia 72
Kaennel Lucie 93, 108
Lamotte Étienne 67, 69
Langlois Claude 42, 47
Layton Bentley 49
Le Boulluec Alain 44, 47
Legendre Pierre 24, 53
Leiris Michel 15, 106
Léonard Émile-Guillaume 82
Lévi-Strauss Claude 15, 28, 29
Liberski Danuta 13
Lichtenberger Frédéric 37
Luther Martin 88, 94, 97, 99, 101
Mahé Jean-Pierre 46, 51
McGrath Alister 101, 102, 103
Malamoud Charles 55
Malinowski Bronislaw 15
Mauss Marcel 5, 6, 14, 15, 16, 20, 22, 25, 37, 41, 42, 43, 45, 46, 47, 49, 51, 64, 65, 81, 83, 90
Momigliano Arnaldo 68
Nicklas Tobias 44, 108
Norelli Enrico 46
Olivier de Sardan Jean-Pierre 85
Pape François 98, 99
Poirier Paul-Hubert 46, 51
Portier Philippe 84
Posener Georges 27
Pouderon Bernard 46
Puech Henri-Charles 39, 40

Réville Jean 38
Ricœur Paul 5, 27
Robert Daniel 82
Ronchey Silvia 56
Roquet Gérard 51, 53
Roussel Bernard 82, 107
Sabatier Auguste 37, 38
Saint-Martin Isabelle 85
Sapir Jean David 23
Schenke Hans-Martin 49, 50
Scherrer-Schaub Cristina 7-9, 55-79, 108
Schopen Gregory 67, 68, 75
Smith Pierre 16
Soumare Mamadou 13
Stauffer Richard 82
Steiner Rudolf 45
Tardieu Michel 40, 44, 50, 54
Tournier Vincent 67
Troeltsch Ernst 86, 87
Turner John 49
Vanel Chrystal 90
Verheyden Joseph 44, 108
Vernant Jean-Pierre 55, 70
Wang Aiming 98
Willaime Jean-Paul 7-9, 81-104, 108
Williams Michael 44
Yoyotte Jean 27, 107
Zempleni Andras 20
Zivie-Coche Christiane 7, 8, 9, 27-36, 106

Noms Propres

Amon 32
Aśoka 2, 57, 65, 66, 67, 68
Aśvaghoṣa 73
Aton 32
Azande 16
Buddha 2, 55-79
Buddhaghosa 67
Devadatta 63
Devānaṃpiyatissa 67
Doṇa/Droṇa 62
Gourmantché 13
Horus 31, 32
Isis 34, 106
Jina, autre nom du Buddha 71, 75, 76, 77
Jóola 11-25
Kanakamuni (buddha du passé) 2, 65, 66, 67

Kauṇḍinya (maître ès-vyākaraṇa dans le *Suvarṇa*) 76
Khnoum 32
Kujamaat 11, 12
Mahātman (épithète du Buddha dans le *Suvarṇa*) 75
Mahinda 67, 68
Malla 59, 60, 61, 62, 68
Mani (sceau de) 52
Mātṛceṭa 73, 79
Maurya 57, 66, 67, 68
Ménandre (roi Indo-grec) 69
Nāgārjuna 73, 79, 108
Noun 33
Nuer 16
Osiris 30, 31, 32
Ptolémée II Philadelphe 68
Rāhula (fils du Buddha) 76
Rê, Rê-Horakhty 31
Ruciraketu (bodhisattva) 75
Śākyamuni, nom du Buddha historique 69, 72, 75
Sarvalokapriyadarśana, Prince Licchavi 76, 77
Sekhmet 35
Seth 30, 49, 50
Sobek, Sobek-Rê 31, 32
Sokar-Osiris 32
Suleyman Shah 56
Śuṅga 65
Tathāgata, autre nom du Buddha 75, 76, 78
Thot 34

Noms de lieux

Ahraurā 66, 67
Bhārhut 2, 65, 66
Bactriane 57
Bénin 13
Burkina Faso 13
Crocodilopolis 31
Dakhlah (voir aussi Kellis) 41, 52, 54
Édesse 56
Edfou 32
Éléphantine 32
Europe 15, 43, 45, 52, 56, 82, 83, 84, 85, 90, 91, 94, 95, 100, 108, 109
Fayoum 31, 42
Gambie 11
Gandhāra 59, 60, 61, 69, 72, 73
Guinée 13
Guinée-Bissau 11, 105-106

Karnak 12
Kellis 41, 52, 54
Lumbinī/Rummindei 65
Medinet Mâdi 42
Nigāli Sāgar 65, 67
Qal'at Ja'bar 56
Sāñcī 60, 61, 69
Sénégal 11, 12, 105, 106
Sierra Leone 11
Śrī Laṅka 67, 68
Sumeru (mont —, voir aussi *axis mundi*) 75
Tanis 12, 106, 107

Index thématique

âge primordial 78, 79
athlète (*malla*) 59, 60, 61, 62, 68
bákíin 13,14, 18, 19
Bible 86, 88, 90, 101, 102, 103
bouddhisme 55-79, 108
brāhmaṇes, caste des — (autorité spirituelle) 60, 62, 72, 76, 77
brāhmaṇe-médiateur 62
bricoler, bricolage 8, 27, 29, 30, 36
calendrier rituel 19, 24
Collège de France 38, 39, 40, 50, 105
communauté (saṃgha) 63, 71
Communion des Églises Protestantes en Europe 95
Concorde de Leuenberg 95
Conseil Œcuménique des Églises (COE) 90, 91
conseiller du prince 62
corbeille-reliquaire (*dhātukaraṇḍaka*) 76
corps de métamorphose (*nirmāṇakāya*) 78
corps du Buddha 56, 68, 70, 71
corps [du] Dharma (*dharmakāya*) 57, 71, 78, 79
corps matériel (*rūpakāya*) 70, 71
cosmogonies 33
cosmos 30, 33, 35, 74
culte 12, 15, 16, 17, 18, 25, 31, 34, 91, 94
culte (du Buddha) 62, 63, 64, 68, 75, 79
danse 21, 24, 25, 77
"déification" (du Buddha) 63, 79
démiurge cosmogène, autogène 13, 24, 33
dévotion (*bhakti*) 57, 63, 67, 73, 91
division sexuelle 15-20, 22
docétisme 44, 108
don de sa chair à la tigresse affamée 72
dogmes 31, 32

double vérité ... 73
Écritures ... 57, 101, 108
École Pratique des Hautes Études (EPHE) 4-9, 11, 15, 25, 27, 37-40, 42, 44, 49, 50, 51, 53, 54, 55, 67, 72, 75, 81-85, 90, 91, 105-109
écoulements sanglants ... 20, 21, 22
Églises luthériennes ... 83, 86-92, 94-99, 104
Église Protestante Unie de France (EPUdF) ... 91, 95, 96
Églises réformées 38, 83, 86, 88, 89, 90, 91, 95, 96, 97
elob ... 16
emic/etic ... 85, 92
enseignement et règle (*dharma* et *vinaya*) ... 70, 71, 75, 78
essence des dieux ... 33, 34
ethnocentrisme ... 29
ethnologie ... 11, 15, 16, 21, 25, 105
être d'exception (*mahāpuruṣa)* ... 72, 73
éveil (*bodhi*) ... 65, 67, 70, 71, 75, 76
extinction complète ... 58, 60, 62, 71, 76
extra-temps, extra-espace ... 74, 79
Faculté de Théologie Protestante de Paris ... 37, 38
faits religieux ... 65
faits sociaux ... 65
Fédération Protestante de France (FPF) ... 92, 94, 96
femmes (dans le bouddhisme) ... 57
fêtes ... 31, 32, 45
formules sacralisantes (*dhāraṇī*) ... 57, 71, 79
gnose séthienne ... 49-50
gnostiques, gnosticisme ... 37-54
Groupe Sociétés, Religions, Laïcités (GSRL) ... 83, 85
garde des reliques ... 59
geste d'absence de crainte ... 57, 58
guerre des reliques ... 59, 69
guerriers
voir caste des — (*kṣatriya)* autorité temporelle ... 60, 68
hérésies ... 41, 43, 44, 48
hymnes ... 27, 29, 32, 34
hymne d'éveil ... 32
hymnes d'adoration ... 32
images des dieux ... 33, 34, 68
incantations magiques ... 29
initiations ... 14, 18, 21
Institut Européen en Sciences des Religions (IESR) ... 85, 109
lignage ... 17, 18, 22, 23, 65, 67
manichéisme ... 37-54
monde funéraire ... 30
monothéisme ... 4, 29, 32, 33, 50
multiplicité des dieux ... 32, 36

mythes 28, 30, 32, 40, 55,
mythèmes 36
octroi gracieux/ faveur [d'une relique] corporelle
(*dehivara, dhātuvara*) 67, 76, 78
offrandes rituelles 31, 35, 64, 107
ostension 66, 71
paganisme indien 64
partage des reliques 61
personne juridique (du Buddha) 70
piété personnelle 36
polymorphie des modèles 56
polysémie des poéticiens indiens 56
polythéisme 29, 32, 33, 36
pratiquant (*yogin*) 74
préséance territoriale 59, 60
prières 29, 42
protestantisme 41, 81-104
puissances supra-humaines et supra-naturelles 13, 18, 19, 21, 23, 24, 34, 35
python (*ejúnfur*) 12, 13, 14, 15, 22, 23, 24, 25
Réforme, Réformation 82, 83, 85, 86, 88, 93, 94, 97-103
Réforme (hebdomadaire) 93
religion égyptienne 31, 32, 32, 36, 107
religions indiennes 55
relique du Tathāgata de la taille d'un grain
de moutarde 76, 77, 78
reliques (classification des) 57
reliquaire, monument commémoratif 57, 68, 69, 70, 71, 76, 79
répartition sociale du pouvoir 57, 60, 62
rites 15, 16, 17, 64, 70, 79, 84, 107
rites et croyances funéraires 59
rites d'« investiture » des statues 70
rites prophylactiques 35
rites quotidiens 32
rites sacrificiels 16, 17, 21
rituels 14-18, 24, 25, 29, 34, 107
rituel de « l'ouverture de la bouche » 34
sciences religieuses 4, 5-7, 15, 25, 37, 38, 40, 41, 42, 43, 51, 57, 81, 82, 83, 84, 105, 106, 107, 108
sens suprême (*paramārtha*) 73
sociologie 79, 81, 82, 83, 89, 108
souffle vital (*prāṇa*) 70
souverain à la roue 58
souveraineté des « dieux trente » (*tridaśādhipatya*) 76
totémisme 23, 105
Turfan Sammlung, Berlin 51
Union des Églises Protestante
d'Alsace et de Lorraine (UEPAL) 95

SOMMAIRE

Avant-propos
Jean-Daniel Dubois 5

Préface
Vincent Goossaert 7

Un python insaisissable. De quelques méandres de l'enquête ethnographique en pays jóola
Odile Journet-Diallo 11

Bricoler avec les dieux
Christiane Zivie-Coche 27

Un ostracon copte de Kellis, « Graine de persil » : hommage à Marcel Mauss
Jean-Daniel Dubois 37

Mesurer l'incommensurable : le Buddha est-il un dieu ?
Cristina Scherrer-Schaub 55

De quoi le protestantisme est-il le nom ? Questions autour de la délimitation et de la définition d'un monde religieux
Jean-Paul Willaime 81

Présentation des contributeurs 105

Index 111

BIBLIOTHÈQUE DE L'ÉCOLE DES HAUTES ÉTUDES, SCIENCES RELIGIEUSES

vol. 105
J. Bronkhorst
Langage et réalité : sur un épisode de la pensée indienne
133 p., 1999, ISBN 978-2-503-50865-8

vol. 106
Ph. Gignoux (dir.)
Ressembler au monde. Nouveaux documents sur la théorie du macro-microcosme dans l'Antiquité orientale
194 p., 1999, ISBN 978-2-503-50898-6

vol. 107
J.-L. Achard
L'essence perlée du secret. Recherches philologiques et historiques sur l'origine de la Grande Perfection dans la tradition ìrNying ma pa'
333 p., 1999, ISBN 978-2-503-50964-8

vol. 108
J. Scheid, V. Huet (dir.)
Autour de la colonne aurélienne. Geste et image sur la colonne de Marc Aurèle à Rome
446 p., 176 ill. n&b, 2000, ISBN 978-2-503-50965-5

vol. 109
D. Aigle (dir.)
Miracle et Karâma. Hagiographies médiévales comparées
690 p., 11 ill. n&b, 2000, ISBN 978-2-503-50899-3

vol. 110
M. A. Amir-Moezzi, J. Scheid (dir.)
L'Orient dans l'histoire religieuse de l'Europe. L'invention des origines.
Préface de Jacques Le Brun
246 p., 2000, ISBN 978-2-503-51102-3

vol. 111
D.-O. Hurel (dir.)
Guide pour l'histoire des ordres et congrégations religieuses (France, XVIe-XIXe siècles)
467 p., 2001, ISBN 978-2-503-51193-1

vol. 112
D.-M. Dauzet
Marie Odiot de la Paillonne, fondatrice des Norbertines de Bonlieu (Drôme, 1840-1905)
XVIII + 386 p., 2001, ISBN 978-2-503-51194-8

vol. 113
S. Mimouni (dir.)
Apocryphité. Histoire d'un concept transversal aux religions du Livre
333 p., 2002, ISBN 978-2-503-51349-2

vol. 114
F. Gautier
La retraite et le sacerdoce chez Grégoire de Nazianze
IV + 460 p., 2002, ISBN 978-2-503-51354-6

vol. 115
M. Milot
Laïcité dans le Nouveau Monde. Le cas du Québec
181 p., 2002, ISBN 978-2-503-52205-0

vol. 116
F. Randaxhe, V. Zuber (éd.)
Laïcité-démocratie : des relations ambiguës
X + 170 p., 2003, ISBN 978-2-503-52176-3

vol. 117
N. Belayche, S. Mimouni (dir.)
Les communautés religieuses dans le monde gréco-romain. Essais de définition
351 p., 2003, ISBN 978-2-503-52204-3

vol. 118
S. Lévi
La doctrine du sacrifice dans les Brahmanas
XVI + 208 p., 2003, ISBN 978-2-503-51534-2

vol. 119
J. R. Armogathe, J.-P. Willaime (éd.)
Les mutations contemporaines du religieux
VIII + 128 p., 2003, ISBN 978-2-503-51428-4

vol. 120
F. Randaxhe
L'être amish, entre tradition et modernité
256 p., 2004, ISBN 978-2-503-51588-5

vol. 121
S. Fath (dir.)
Le protestantisme évangélique. Un christianisme de conversion
XII + 379 p., 2004, ISBN 978-2-503-51587-8

vol. 122

Alain Le Boulluec (dir.)
À la recherche des villes saintes
VIII + 184 p., 2004, ISBN 978-2-503-51589-2

vol. 123
I. Guermeur
Les cultes d'Amon hors de Thèbes. Recherches de géographie religieuse
XII + 664 p., 38 ill. n&b, 155x240, 2005, ISBN 978-2-503-51427-7

vol. 124
S. Georgoudi, R. Koch-Piettre, F. Schmidt (dir.)
La cuisine et l'autel. Les sacrifices en questions dans les sociétés de la Méditérrannée ancienne
XVIII + 460 p., 23 ill. n&b, 155 x 240. 2005, ISBN 978-2-503-51739-1

vol. 125
L. Châtellier, Ph. Martin (dir.)
L'écriture du croyant
VIII + 216 p., 2005, ISBN 978-2-503-51829-9

vol. 126 (Série "Histoire et prosopographie" n° 1)
M. A. Amir-Moezzi, C. Jambet, P. Lory (dir.)
Henry Corbin. Philosophies et sagesses des religions du Livre
251 p., 6 ill. n&b, 2005, ISBN 978-2-503-51904-3

vol. 127
J.-M. Leniaud, I. Saint Martin (dir.)
Historiographie de l'histoire de l'art religieux en France à l'époque moderne et contemporaine. Bilan bibliographique (1975-2000) et perspectives
299 p., 2005, ISBN 978-2-503-52019-3

vol. 128 (Série "Histoire et prosopographie" n° 2)
S. C. Mimouni, I. Ullern-Weité (dir.)
Pierre Geoltrain ou Comment « faire l'histoire » des religions ?
398 p., 1 ill. n&b, 2006, ISBN 978-2-503-52341-5

vol. 129
H. Bost
Pierre Bayle historien, critique et moraliste
279 p., 2006, ISBN 978-2-503-52340-8

vol. 130 (Série "Histoire et prosopographie" n° 3)
L. Bansat-Boudon, R. Lardinois (dir.)
Sylvain Lévi. Études indiennes, histoire sociale
II + 536 p., 9 ill. n&b, 2007, ISBN 978-2-503-52447-4

vol. 131 (Série "Histoire et prosopographie" n° 4)
F. Laplanche, I. Biagioli, C. Langlois (dir.)
Autour d'un petit livre. Alfred Loisy cent ans après
351 p., 2007, ISBN 978-2-503-52342-2

vol. 132
L. Oreskovic
Le diocèse de Senj en Croatie habsbourgeoise, de la Contre-Réforme aux Lumières
VII + 592 p., 6 ill. n&b, 2008, ISBN 978-2-503-52448-1

vol. 133
T. Volpe
Science et théologie dans les débats savants du XVIIe siècle : la Genèse dans les* Philosophical Transactions *et le* Journal des savants *(1665-1710)
472 p., 10 ill. n&b, 2008, ISBN 978-2-503-52584-6

vol. 134
O. Journet-Diallo
Les créances de la terre. Chroniques du pays Jamaat (Jóola de Guinée-Bissau)
368 p., 6 ill. n&b, 2007, ISBN 978-2-503-52666-9

vol. 135
C. Henry
La force des anges. Rites, hiérarchie et divinisation dans le Christianisme Céleste (Bénin)
276 p., 2009, ISBN 978-2-503-52889-2

vol. 136
D. Puccio-Den
Les théâtres de "Maures et Chrétiens". Conflits politiques et dispositifs de reconciliation (Espagne, Sicile, XVIe-XXIe siècle)
240 p., 2009, PB

vol. 137
M. A. Amir-Moezzi, M. M. Bar-Asher, S. Hopkins (dir.)
Le shī'isme imāmite quarante ans après. Hommage à Etan Kohlberg
445 p., 2008, ISBN 978-2-503-53114-4

vol. 138
M. Cartry, J.-L. Durand, R. Koch Piettre (dir.)
Architecturer l'invisible. Autels, ligatures, écritures
430 p., 2009, 978-2-503-53172-4

vol. 139
M. Yahia
Šāfi'ī et les deux sources de la loi islamique
552 p., 2009, PB

vol. 140
A. A. Nagy
Qui a peur du cannibale ? Récits antiques d'anthropophages aux frontières de l'humanité
306 p., 2009, ISBN 978-2-503-53173-1

vol. 141 (Série "Sources et documents" n° 1)
C. Langlois, C. Sorrel (dir.)
Le temps des congrès catholiques. Bibliographie raisonnée des actes de congrès tenus en France de 1870 à nos jours.
448 p., 2010, ISBN 978-2-503-53183-0

vol. 142 (Série "Histoire et prosopographie" n° 5)
M. A. Amir-Moezzi, J.-D. Dubois, C. Jullien et F. Jullien (éd.)
Pensée grecque et sagesse d'orient. Hommage à Michel Tardieu
752 p., 2009, ISBN 978-2-503-52995-0

vol. 143.
B. Heyberger (éd.)
Orientalisme, science et controverse : Abraham Ecchellensis (1605-1664)
240 p., 2010, ISBN 978-2-503-53567-8

vol. 144.
F. Laplanche (éd.)
Alfred Loisy. La crise de la foi dans le temps présent (Essais d'histoire et de philosophie religieuses)
735 p., 2010, ISBN 978-2-503-53182-3

vol. 145
J. Ducor, H. Loveday
Le sūtra des contemplations du buddha Vie-Infinie. Essai d'interprétation textuelle et iconographique
474 p., 2011, ISBN 978-2-503-54116-7

vol. 146
N. Ragot, S. Peperstraete, G. Olivier (dir.)
La quête du Serpent à Plumes. Arts et religions de l'Amérique précolombienne. Hommage à Michel Graulich
491 p., 2011, ISBN 978-2-503-54141-9

vol. 147
C. Borghero
Les cartésiens face à Newton. Philosophie, science et religion dans la première moitié du XVIIIe siècle
164 p., 2012, ISBN 978-2-503-54177-8

vol. 148 (Série "Histoire et prosopographie" n° 6)
F. Jullien, M. J. Pierre (dir.)
Monachismes d'Orient. Images, échanges, influences. Hommage à Antoine Guillaumont
348 p., 2012, ISBN 978-2-503-54144-0

vol. 149
P. Gisel, S. Margel (dir)
Le croire au cœur des sociétés et des cultures. Différences et déplacements.
244 p., 2012, ISBN 978-2-503-54217-1

vol. 150
J.-R. Armogathe
Histoire des idées religieuses et scientifiques dans l'Europe moderne. Quarante ans d'enseignement à l'École pratique des hautes études.
227 p., 2012, ISBN 978-2-503-54488-5

vol. 151
C. Bernat, H. Bost (dir.)
Énoncer/Dénoncer l'autre. Discours et représentations du différend confessionnel à l'époque moderne.
451 p., 2012, ISBN 978-2-503-54489-2

vol. 152
N. Sihlé
Rituels bouddhiques de pouvoir et de violence. La figure du tantrisme tibétain.
374 p., 2012, ISBN 978-2-503-54470-0

vol. 153
J.-P. Rothschild, J. Grondeux (dir.)
Adolphe Franck.
Philosophe juif, spiritualiste et libéral dans la France du XIX*e siècle.*
234 p., 2012, ISBN 978-2-503-54471-7

vol. 154 (Série "Histoire et prosopographie" n° 7)
S. d'Intino, C. Guenzi (dir.)
Aux abords de la clairière. Études indiennes et comparées en l'honneur de Charles Malamoud.
295 p., 2012, ISBN 978-2-503-54472-4

vol. 155
B. Bakhouche, I. Fabre, V. Fortier (dir.)
Dynamiques de conversion : modèles et résistances. Approches interdisciplinaires.
205 p., 2012, ISBN 978-2-503-54473-1

vol. 156 (Série "Histoire et prosopographie" n° 8)
C. Zivie-Coche, I. Guermeur (dir.)
Hommages à Jean Yoyotte
2 tomes, 1190 p., 2012, ISBN 978-2-503-54474-8

vol. 157
E. Marienberg (éd. et trad.)
La **Baraïta de-Niddah.** *Un texte juif pseudo-talmudique sur les lois religieuses relatives à la menstruation*
235 p., 2012, ISBN 978-2-503-54437-0

vol. 158
Gérard Colas
Penser l'icone en Inde ancienne
221 p., 2012, ISBN 978-2-503-54538-7

vol. 159
A. Noblesse-Rocher (éd.)
Études d'exégèse médiévale offertes à Gilbert Dahan par ses élèves
294 p., 2013, ISBN 978-2-503-54802-9

vol. 160
A. Nagy, F. Prescendi (éd.)
Sacrifices humains…
274 p., 2013, ISBN 978-2-503-54809-8

vol. 161 (Série "Histoire et prosopographie" n° 9)
O. Boulnois (éd.) avec la collaboration de J.-R. Armogathe
Paul Vignaux, citoyen et philosophe (1904-1987)
suivi de *Paul Vignaux, La Philosophie franciscaine et autres documents inédits*
452 p., 2013, ISBN 978-2-503-54810-4

vol. 162
M. Tardieu, A. van den Kerchove, M. Zago (éd.)
***Noms barbares* I**
Formes et contextes d'une pratique magique
426 p., 2013, ISBN 978-2-503-54945-3

vol. 163 (Série "Histoire et prosopographie" n° 10)
R. Gerald Hobbs, A. Noblesse-Rocher (éd.)
Bible, histoire et société. Mélanges offerts à Bernard Roussel
403 p., 2013, ISBN 978-2-503-55118-0

vol. 164
P. Bourdeau, Ph. Hoffmann, Nguyen Hong Duong (éd.)
Pluralisme religieux : une comparaison franco-vietnamienne.
Actes du colloque organisé à Hanoi les 5-7 octobre 2007
299 p., 2013, ISBN 978-2-503-55047-3

vol. 165 (Série "Histoire et prosopographie" n° 11)
M. A. Amir-Moezzi (éd.)
Islam : identité et altérité. Hommage à Guy Monnot, O.P.
420 p., 2013, ISBN 978-2-503-55026-8

vol. 166
S. Bogevska
Les églises rupestres de la région des lacs d'Ohrid et de Prespa,
milieu du* XIII*e*-*milieu du* XVI*e siècle
831 p., 2015, ISBN 978-2-503-54647-6

vol. 167
B. Bakhouche (éd.)
Science et exégèse. Les interprétations antiques et médiévales
du récit biblique de la création des éléments (Genèse 1, 1-8)
387 p., 2016, ISBN 978-2-503-56703-7

vol. 168
K. Berthelot, R. Naiweld, D. Stökl Ben Ezra (éd.)
L'identité à travers l'éthique. Nouvelles perspectives sur la formation
des identités collectives dans le monde gréco-romain
216 p., 2016, ISBN 978-2-503-55042-8

vol. 169
A. Guellati
La notion d'*adab *chez Ibn Qutayba : étude générique et éclairage comparatiste
264 p., 2015, ISBN 978-2-503-56648-1

vol. 170
H. Seng
Un livre sacré de l'Antiquité tardive : les Oracles chaldaïques
149 p., 2016, ISBN: 978-2-503-56518-7

vol. 171
Cl. Zamagni
L'extrait des **Questions et réponses** *d'Eusèbe de Césarée : un commentaire*
358 p., 2016, ISBN 978-2-503-55830-1

vol. 172
C. Ando
Religion et gouvernement dans l'Empire romain
320 p., 156 x 234, 2016, ISBN 978-2-503-56753-2

vol. 173
Ph. Bobichon
Controverse judéo-chrétienne en Ashkenaz (XIIIe siècle)
Florilèges polémiques : hébreu, latin, ancien français
(Paris, BnF Hébreu 712, fol. 56v-57v et 66v-68v)
305 p., 156 x 234, 2016, ISBN 978-2-503-56747-1

vol. 174 (Série "Histoire et prosopographie" n° 12)
V. Zuber, P. Cabanel, R. Liogier (éd.)
Croire, s'engager, chercher.
Autour de Jean Baubérot, du protestantisme à la laïcité
475 p., 156 x 234, 2016, ISBN 978-2-503-56749-5

vol. 175
N. Belayche, C. Bonnet, M. Albert Llorca, A. Avdeef, F. Massa, I. Slobodzianek (éd.)
Puissances divines à l'épreuve du comparatisme : constructions, variations
et réseaux relationnels
500 p., 156 x 234, 2016, ISBN 978-2-503-56944-4

vol. 176 (Série "Histoire et prosopographie" n° 13)
L. Soares Santoprete, A. Van den Kerchove (éd.)
Gnose et manichéisme. Entre les oasis d'Égypte et la Route de la Soie.
Hommage à Jean-Daniel Dubois
970 p., 156 x 234, 2016, ISBN 978-2-503-56763-1

vol. 177
M. A. Amir Moezzi (éd.), *L'ésotérisme shi'ite : ses racines et ses prolongements /*
Shi'i Esotericism: Its Roots and Developments
VI + 870 p., 156 x 234, 2016, ISBN 978-2-503-56874-4

vol. 178
G. Toloni
Jéroboam et la division du royaume
Étude historico-philologique de 1 Rois 11, 26 - 12, 33
222 p., 156 x 234, 2016, ISBN 978-2-503-57365-6

vol. 179
S. Marjanović-Dušanić
L'écriture et la sainteté dans la Serbie médiévale. Étude hagiographique
298 p., 156 x 234, 2017, ISBN 978-2-503-56978-9

vol. 180
G. Nahon
Épigraphie et sotériologie.
L'épitaphier des « Portugais » de Bordeaux (1728-1768)
430 p., 156 x 234, 2018, ISBN 978-2-503-51195-5

vol. 181
G. Dahan, A. Noblesse-Rocher (éd.)
La Bible de 1500 à 1535
366 p., 156 x 234, 2018, ISBN 978-2-503-57998-6

À paraître

vol. 182
T. Visi, T. Bibring, D. Soukup (éd.)
Berechiah ben Natronai ha-Naqdan's Works and their Reception
env. 280 p., 156 x 234, 2019, ISBN 978-2-503-58365-5

vol. 184
C. Bernat, F. Gabriel (éd.)
Émotions de Dieu. Attributions et appropriations chrétiennes (XVIe-XVIIIe siècles)
416 p., 156 x 234, 2019, ISBN 978-2-503-58367-9

Réalisation : Cécile Guivarch
École pratique des hautes études